Remerciements

Maryz COURBERAND
Nathalie KRISTY
Ninon SIGNORET
Magali VEYRIER

Ouvrage dirigé par Jean-Loup Chiflet

Département de Hugo & Cie, 38 rue la Condamine, 75017 Paris
www.hugoetcie.fr

ISBN : 9782351641101
Dépôt légal : août 2010
Imprimé en France

Jean-Loup Chiflet

J'ai encore un mot à vous dire...

Chiflet&Cie

*« Même si les langues sont comme les nations,
il est encore très vrai que les mots sont
comme les hommes. »*

Rivarol*

Avertissement

En 2002, après avoir découvert chez Victor Hugo (Livre 1 des *Contemplations*) que le mot était un « être vivant », j'avais, au travers d'une interview imaginaire, demandé à un mot de me raconter sa vie de « mot »… Il s'était très aimablement confié dans un livre intitulé *J'ai un mot à vous dire*, qui avait, selon l'expression consacrée, connu un honnête succès de librairie », à tel point que l'ouvrage est maintenant épuisé.

J'avais ainsi découvert les grandes étapes de son existence : sa naissance à la Clinique du larynx, ses années à l'école Grammaire, entre la redoutable mademoiselle Syntaxe et le charmant monsieur Style, ses études à Sciences-Mots, son attente d'un job auprès de l'ANPEM (Agence Nationale Pour l'Emploi des Mots), ses shoppings d'adjectifs chez Épithète et Attribut, ainsi que ses exercices de gymnastique hebdomadaires dans la salle de l'OuLiPo (Ouvroir de Littérature Potentielle).

Huit ans plus tard, en juillet 2010, j'ai voulu retrouver ce mot, qui, depuis, a fait une brillante carrière dans la Police… des mots, en tant que « commissaire divisionnaire aux affaires textuelles » (sic).

Vous l'aurez compris, chers et fidèles lecteurs, cet ouvrage n'est qu'un nouveau prétexte pour vous faire partager ma fascination pour l'univers impitoyable, chaotique, insolite et surtout cocasse de notre langue française. Fidèle à mon fonds de commerce éditorial, à savoir la pédagogie ludique, j'ai imaginé cette fois que notre « mot », alias le commissaire Navarin, s'était spécialisé dans les mots à problèmes (et ils sont nombreux !), ce qui justifiait de lui inventer une carrière dans la police.

Ainsi, nous allons retrouver Navarin aux prises, tout au long du livre, avec la machiavélique mademoiselle Orthographe, le puissant clan de la ponctuation, seul habilité à délivrer le permis de conduire les phrases, les tribulations de mademoiselle Virgule, les émeutes ayant marqué la dernière édition du Salon des genres, les revendications du Club des androgynes et celles des Homonymes homographes pendant l'Homo Pride, sans oublier le scandale des maisons de retraites…

Pour illustrer l'interview, et surtout pour éclairer les propos parfois un peu techniques de Navarin, j'ai pensé qu'un « complément d'enquête » (**annexe 1**, page 99) ne serait pas inutile : les mots signalés par un astérisque y sont dûment explicités.

Il se trouve aussi que notre commissaire, avant d'être nommé divisionnaire, avait été simple commissaire de quartier. Voilà pourquoi il m'a livré (**annexe 2**, page 107) quelques « mains courantes » amusantes qu'il avait conservées dans ses archives.

Lorsqu'on est « commissaire aux affaires textuelles », on reçoit bien sûr des lettres de réclamation, anonymes ou non ; nous en avons sélectionné deux (**annexe 3**, page 113). Elles ne sont pas tristes !

La langue française, qui adore compliquer les effets, se distingue par une pléthore de figures de style. Navarin nous propose (**annexe 4**, page 121) un avis de recherche pour une douzaine d'entre elles, parmi les plus tarabiscotées et du fait même difficiles à « appréhender » (on appréciera le jeu de mots).
Un rapport classé « secret défense » (**annexe 5**, page 135), qui tend à balayer l'exception ou plutôt les exceptions françaises, fera les délices de ceux qui, comme moi, souhaitent qu'un jour l'orthographe soit enfin réformée. Pour finir, le commissaire nous réserve (**annexe 6**, page 139) une liste de mots qui devraient exister mais qui, hélas, ne recevront jamais leur accréditation dans le dictionnaire… Et c'est bien dommage pour ceux qui aiment cabotiner, jongler et funambuler avec les mots !

JLC

Jean-Loup Chiflet : *Bonjour !*

Commissaire Navarin : Bonjour, monsieur Chiflet ! Ravi de vous retrouver après un si long silence. Nous ne nous sommes pas revus, si mes souvenirs sont bons, depuis 2002 et ce fameux livre, *J'ai un mot à vous dire*, où vous m'aviez fait raconter quelques moments forts de ma jeunesse et de mon adolescence.

- Le succès de cet ouvrage démontre à quel point le public s'était passionné pour votre histoire et cet exceptionnel témoignage sur ce monde des mots auquel vous appartenez et qui n'a pas l'habitude de se livrer facilement.

- Je ne vous le fais pas dire, mais si j'ai accepté de vous revoir, c'est parce que ce monde se trouve confronté à des violences de plus en plus insupportables.

- Vous me paraissez d'autant plus crédible sur le sujet que vous venez d'être promu, si j'ai bien compris, « Commissaire aux affaires textuelles ».

- Je viens en effet de prendre la tête de cette nouvelle brigade chargée de remettre bon ordre chez ces mots qui ne cessent de défrayer la chronique… judiciaire. Les cas navrants se multiplient.

- *Quel sera votre rôle ?*

- Réprimer, mais aussi prévenir.

- *Redoutez-vous un courant d'opinion qui ferait des mots la source de tous… les maux ?*

- Le risque des amalgames est évident. Qui sait ? La mode actuelle des textos et autres SMS va hélas dans ce sens en réservant aux mots une portion des plus congrues. Les mots réduits à la plus simple expression, en somme…

- *Je reconnais là votre attachement à votre immense famille.*

- Ne sommes-nous pas des êtres vivants comme le disait Victor Hugo dans ses *Contemplations* ? Et, comme tout être vivant, il nous arrive de faire des bêtises…

- *J'ai ici un ensemble de coupures de presses rapportant des faits divers dans lesquels des membres de la famille « mots », et non des moindres, se sont retrouvés impliqués et je crois savoir que vous les connaissez bien… Elles pourraient nous servir de fil conducteur tout au long de cet entretien…*

- Pourquoi pas.

- *Ce qui ne vous empêchera pas évidemment d'éclairer ma lanterne…*

- J'ai toujours trouvé amusant d'éclairer une lanterne, alors que c'est généralement la lanterne qui éclaire !

- *Amusant.*

- On n'a pas été l'élève de monsieur Style* pour rien !

- *À propos, qu'est-il devenu ?*

- Le bruit court qu'il aurait été évincé de l'Éducation nationale !

- *Pourquoi ?*

- Les conditions de son départ sont assez floues ! On l'a accusé, entre autres, d'avoir, lors d'une récréation, aspergé madame Syntaxe* de gaz lacrymogène. Je suis plutôt sceptique. J'ai fait mon enquête, et... je suis sur la piste de deux suspects, les sieurs Texto et SMS, que nous évoquions à l'instant !

- *Entre Texto, SMS et Syntaxe, on ne peut pas imaginer que ce puisse être le grand amour !*

- D'autant plus qu'ils sont soupçonnés de harcèlement textuel, sous forme de lettres anonymes, à l'encontre de la directrice, mademoiselle Orthographe. La dernière était ainsi libellée : « On va tfer lapo. »

- *C'est curieux, parce que vous aviez déjà évoqué monsieur Style, et ses assistantes, mesdames Règle et Syntaxe, mais jamais cette mademoiselle Orthographe.*

- Ah, mademoiselle Orthographe ! Vaste sujet (si j'ose dire)... Ne pensez pas que je ne donne pas tort à Texto et SMS. Mais... c'était quelqu'un de très compliqué ! Tous les matins, on la voyait arriver avec un énorme cartable bourré de bouquins. Le consortium des dictionnaires l'alimentait copieusement en services de presse, et elle ne manquait pas, dès qu'on la chahutait, d'invoquer les mânes de ses ancêtres, parmi lesquels, Vaugelas* et Malherbe*, dont se revendiquait aussi madame Syntaxe. Nous sortions de ses cours avec une migraine carabinée. On finissait par ne plus y comprendre grand-chose et ses exigences allaient même jusqu'à notre tenue vestimentaire. Un exemple parmi d'autres : *Tâche*, contraint de garder en permanence son chapeau.

- *Il y a quelque chose qui m'échappe.*

- Par chapeau, je veux dire, son accent circonflexe. « Sinon, vociférait-elle, on va te confondre avec *Tache* ! » Inutile de vous dire que *Tache* n'appréciait guère. On peut dire que la vie ne lui a pas fait de cadeaux, à celle-là ! Non content de passer pour une malpropre, au point qu'à l'école, personne ne voulait s'asseoir à côté d'elle, on la traitait d'incapable. Il y avait aussi *Pêcheur*, fils d'un honnête propriétaire de chalutier breton buriné par les embruns, contraint de porter un bonnet de marin en forme d'accent circonflexe, sous peine d'être pris pour *Pécheur*, à la mentalité des plus controversées…

- *Je vois. N'oubliez pas non plus…* Bâilleur, *qui, dès qu'il oublie son chapeau, se voit obligé de distribuer des fonds à droite et à gauche. Ou* Côte, *qui, à peine décoiffé par le vent du large, se retrouve à la merci des boursiers et des spéculateurs.*

- Mais le problème est beaucoup plus vaste. Suite à la plainte déposée par mademoiselle Orthographe, nos services ont fait leur enquête et ils en ont appris de belles. N'allez pas croire que j'en veux à cette femme pour les rudes années passées sous sa férule*, mais dans une enquête policière, on doit aussi s'intéresser au plaignant et à ses antécédents.

- Je sens que vous allez me livrer un scoop.

- Peut-être. En tout cas, il va nous faire remonter loin dans le temps. À la clinique du Larynx*. Ça vous dit quelque chose ?

- Et comment ! Cette clinique qui a vu naître tant de mots !
- Je suis moi-même né dans cet établissement unique en son genre, dirigé par deux éminents spécialistes, les professeurs Phonétique et Alphabet.

- Vous les aviez en effet évoqués à l'époque.

- L'enquête a permis d'établir que mademoiselle Orthographe a elle aussi travaillé dans cette clinique. Et elle a eu des liaisons tumultueuses avec les professeurs Phonétique et Alphabet qui, je vous le rappelle, exercent dans des domaines différents : le docteur Phonétique fait dans l'oral, le docteur Alphabet dans l'écrit, mais ils travaillent néanmoins en étroite collaboration : au son « A » correspond la lettre « A », et ainsi de suite. Pas d'ambiguïtés possibles. Malheureusement, la perfide mademoiselle Orthographe, qui, derrière un physique rébarbatif, pour ne pas dire glacial, dissimule un tempérament volcanique, est venue flanquer une abominable zizanie. Vous savez comment sont les femmes ! Elles adorent les complications... Estimant que ses deux amants ne répondaient que mollement à sa flamme, elle a décidé, pour se venger, de les dresser l'un contre l'autre, tout en faisant des pieds et des mains (sans parler du reste !) pour les garder sous sa coupe. Or, comme les docteurs Phonétique et Alphabet travaillaient en parfait accord, il ne restait dès lors à cette bougresse d'Orthographe qu'à semer la discorde. Une sacrée rusée, voire une petite garce ! Consciente du fait que les praticiens avaient absolument besoin l'un de l'autre pour associer les sons et les lettres pour former un mot, elle s'est arrangée pour que ceux qui venaient de naître ne puissent quitter la clinique sans que l'extrait de naissance indispensable soit délivré par ses soins...

- Je crois comprendre... Ainsi, ce serait à cause des sombres manipulations de mademoiselle Orthographe que l'on trouve des mots qui ne s'écrivent pas comme ils se prononcent. C'est bien ça ?

- Parfaitement. Elle trouvait le docteur Phonétique trop primaire, trop basique ; quant au docteur Alphabet, elle estimait qu'il manquait d'ambition. Et voilà par exemple comment *Lontan* mis au monde par le docteur Phonétique s'est transformé en *Longtemps, Enbonpoin* en *Embonpoint*, *Bateme* en *Baptême*, *Dra* en *Drap*. Sans parler d'*Amygdale*, de *Sangsue*, d'*Escroc* et de *Tabac* !

- On pourrait multiplier les exemples.

- Cela confirme bien que la torride mademoiselle Orthographe menait le docteur Alphabet par le bout du nez. Ayant libre accès à son laboratoire de lettres, elle puisait en toute impunité les éléments nécessaires à ses machinations. Pour *Lontan*, elle s'était arrangée pour dérober un *g*, un *e*, un *m*, un *p* et un *s*...

- J'imagine que cette particularité machiavélique qui fait que les mots ne se prononcent pas toujours comme ils sont écrits peut aboutir à de terribles malentendus.

- Justement, j'ai retrouvé à votre intention un dossier éloquent communiqué par un de mes amis, fonctionnaire aux archives. Ce n'est pas triste...

« Le 2 octobre 1967, Jules Destouches, 44 ans, ex-boxeur professionnel, tenancier du bar-tabac Le Khédive, porte plainte pour coups et blessures contre Marcel Cerdon, 42 ans, célibataire, lui aussi ex-boxeur professionnel. Le plaignant affirme que ce n'est pas la première fois que Cerdon le menace, celui-ci n'ayant pas admis sa défaite aux poings face à Destouches, du temps où tout deux pratiquaient le noble art, lors du championnat des mi-lourds d'Indre-et-Loire… Le soir de l'esclandre, alors qu'il s'affaire derrière son comptoir, Destouches est alerté par son garçon de salle : un dénommé Cerdon l'attend sur le trottoir, et prétend que Destouches aurait « intérêt à sortir, parce qu'il sait cogner… »

Mais une enquête complémentaire contredira les dires du tenancier et de son employé : en fait, le sieur Cerdon, dûment interrogé, quelque peu pris de boisson ce soir-là, et s'étant pris, pour cause de démarche incertaine, le tronc d'un platane en pleine figure, et constatant, le visage en sang, que la pharmacie la plus proche était fermée, s'en était tout bonnement allé demander de l'aide (sous forme de pansements et de mercurochrome) à son ex-challenger Destouches, comptant sur la solidarité entre vrais sportifs. Mais ce dernier aurait mal interprété les propos du garçon : il aurait dû comprendre ***Il s'est cogné***, et non ***Il sait cogner***.

- Tragique méprise, en vérité !

- Ce n'est pas tout. Un avocat célèbre dont vous avez sans doute entendu parler, Maître Marron, rapporte une anecdote qui remonte à l'époque où il s'occupait de « Dominique d'Ajaccio », qui fut un temps le gros bonnet d'un vaste trafic de brocciu* à destination du continent... Un soir, le Corse appelle en catastrophe l'avocat, pour le prévenir que des policiers viennent de l'emmener au commissariat le plus proche.

« M'étant rendu sur place (c'est Maître Marron qui parle), j'apprends que mon client est soupçonné de trafic d'influence et de pots de vin... Il faut dire que depuis quelque temps, il est placé sur écoutes téléphoniques. Aussi, lorsque les policiers l'ont entendu confier au téléphone à Catharina Bella*, son ex-maîtresse, "qu'il avait touché d'eux mille euros", leur sang n'a fait qu'un tour.
Heureusement, tout est rentré dans l'ordre dès lors que le Corse a pu produire un ticket de PMU resté dans la poche de son pardessus au moment de son interpellation, et qui lui avait permis en fait de "toucher deux mille euros au quinté +." »

Vous saisissez la nuance...

- Évidemment, il aurait dû se douter qu'il était sur écoutes. Mais qui aurait pu penser que les ambiguïtés de la phonétique puissent faire de tels ravages ?

- Autre anecdote : le procès de celui que la presse a surnommé « L'Othello de Bécon-les-Bruyères », qui a lui aussi défrayé la chronique. Souvenez-vous, c'était dans l'après-midi du vendredi 12 décembre 1991, Justin Bridur, VRP de son état (département cochonnailles), et rentrant plus tôt que prévu à son domicile, surprend son épouse Adélaïde en compagnie de son meilleur ami William Saurien, et les abat tous les deux d'une décharge de 6, 35.
Pour bien comprendre la suite des événements, sachez que Bridur et Saurien s'étaient disputés les faveurs de la belle Adélaïde, le premier l'ayant largement emporté sur le second... si vous voyez ce que je veux dire.
Selon ses proches, Justin Bridur était un homme d'une jalousie maladive. Adélaïde, s'il faut en croire leurs voisins de palier, ne cessait de lui reprocher une carrière terne et peu rentable : « Je ne suis pas près de l'avoir, ma maison sur la côte ! Même que si j'avais su, j'aurais mieux fait d'écouter Papa, qui me disait toujours qu'un charcutier baladeur, c'est pas l'idéal, comme mari. »
Voilà qui n'était pas de nature à calmer le jeu au sein du couple. Dévoré par la jalousie, contraint par sa profession à de fréquentes absences, Bridur avait demandé à la gardienne de l'immeuble, madame Dolores Corazón, moyennant une augmentation substantielle du contenu de l'enveloppe de ses étrennes et quelques colis de chorizo, de l'informer directement des visites éventuelles que pourrait recevoir sa femme en son absence.
C'est ainsi que, ce fatidique 12 décembre, la susnommée Dolores Corazón laisse entendre à Bridur que William Saurien s'est présenté à sa loge et a demandé si son ami était là.
- *El señor Brrridourrr no está aqui.*

- Il n'est pas là, mais est-ce que Madame Bridur est là ? *Je voudrais l'avoir...*

Vu la réponse affirmative de la cerbère ibérique, Saurien grimpe quatre à quatre l'escalier, ne se doutant pas qu'il se précipite du même coup vers un destin fatal... On imagine facilement la suite : Bridur, de retour plus tôt que prévu et dûment informé par son espionne, se précipite à l'appartement, ivre de vengeance !
Mais, lors du procès, coup de théâtre ! Tout porte à croire, comme l'indique le rapport des policiers ayant examiné les lieux, qu'à l'heure du drame, Adélaïde et William étaient tranquillement en train de déguster une tasse d'Earl Grey (le médecin légiste ayant procédé à l'autopsie de la victime est formel), et ne faisaient rien que la morale réprouve.
Et lorsque la concierge est appelée à la barre par le Président, on assiste à un véritable quiproquo.
- Madame, euh... Cortizon. Vous avez bien dit à monsieur Bridur que monsieur Saurien vous avait demandé : « Sa femme est-elle là ? *Je veux l'avoir.* »
- Que si, señor !
- Vous êtes formelle, madame Cortizon ? Ce n'était pas : « *Je veux la voir* » ? Parce que, croyez-moi, il y a une différence non négligeable, entre « *Je veux l'avoir* » et « *Je veux la voir* », n'est-ce pas, messieurs les jurés ?

- Incroyable ! Et Justin Bridur a été condamné à perpétuité, c'est bien ça ?

- C'est ça, et franchement, c'est très cher payé pour un innocent piégé par les affres de la phonétique... phonéticienne !

- Je repense en vous écoutant à cette fameuse clinique du Larynx. J'ai l'impression qu'il s'en passait de belles.

- C'est le moins que l'on puisse dire, parce que c'était un point de passage obligé où la redoutable mademoiselle Orthographe, elle aussi incontournable, n'arrêtait pas d'imaginer ses machinations alphabétiques qui ont fini parfois par conduire certains mots à l'asile.

- Par exemple ?

- *Scène*, *Cène*, *Seine*, *Saine*, ou encore *Chaire*, *Chère*, *Chaire*, qui ne savent plus qui ils sont, ni où ils habitent parce que victimes de polysémie*... Sorti du Larynx, on se croit unique, et voilà qu'on découvre qu'on a plusieurs sens. Mais, à la décharge de mademoiselle Orthographe, si tous les mots s'écrivaient comme ils se prononcent, ce serait l'anarchie la plus totale. On ne s'y retrouverait plus ! Mais il est incontestable que parfois, elle a le signe lourd...

- C'est-à-dire ?

- Je pense au fameux clan de la ponctuation. Pas commodes, ceux-là. À l'école, déjà, nous avions affaire à eux. On pourrait même parler d'un groupe ou d'une secte, très influencée par l'école du Souffle.

- L'école du Souffle ?

- À l'origine, il y a le souffle vital, qui anime toute forme de vie. Or, chaque membre du clan de la ponctuation se revendique comme agent du souffle qui anime les mots, ou plutôt leur association, qui constitue la phrase. Force est de constater que la phrase est pour nous, les mots, l'aboutissement suprême. Certains peuvent voler de leurs propres ailes, comme *oui*, *non*, *merci*, *zut*, *ah*, *oh*, *hé*. Mais, il est rare de voir ces loups solitaires circuler sans leur holster, tout prêts à dégainer un point d'exclamation ou un point d'interrogation !

- *Nombre d'auteurs éminents ont souligné que la ponctuation était le souffle de la phrase…*

- Ce n'est pas moi qui vous dirai le contraire. Mais, ce qui est troublant, c'est que ces signes ne naissent pas tels quels à la clinique du Larynx. Ils ne correspondent à aucun son et notre enquête nous a conduits sur la piste d'un singulier praticien : le docteur Intonation, une orthophoniste qui permet à ces muets que sont les membres du clan de la ponctuation de se faire entendre. Il est clair que *Ah ?* et *Ah !*, ça ne veut pas dire la même chose…

- *Au fond, je sens que ce clan ne vous est pas antipathique…*

- Oui, parce qu'il nous est devenu indispensable. J'aimerais ajouter que dans la vie de chaque mot, il y a un autre passage obligé…

- *Le permis de conduire les phrases ?*

- Tout juste. Or, les membres du clan de la ponctuation jouaient un rôle déterminant dans le code de conduite. C'est amusant de voir qu'à petites causes grands effets, et que de simples signes, à peine perceptibles sur le papier, peuvent avoir un rôle crucial. Pas toujours facile, ce code, même si, au fond, les bases sont assez simples :
- Point : c'est rouge, je m'arrête,
- Deux points : c'est vert, je passe,

- Points de suspension : orange, je ralentis,
- Point d'exclamation : je klaxonne,
- Point d'interrogation : je consulte mon GPS,
- Guillemets : passage d'un convoi exceptionnel,
- Parenthèses : véhicule lent, je rétrograde...

Malheureusement, leur côté secret, voire carrément hermétique aux yeux de nombre de nos contemporains, peut les impliquer dans de sombres affaires, dans la mesure où tout le monde ne maîtrise pas toujours leurs subtilités.

- *Il y a notamment la redoutable virgule...*

- Ah ! Celle-là ! Je lui dois cinq recalages de suite aux épreuves de conduite.

- *Et moi un certain nombre de PV (Procès-Virgule) !*

- Une vicieuse, celle-là. Non seulement elle impose de ralentir, mais sa présence peut avoir une importance déterminante sur le sens – au sens fort du terme - du trafic. Vous vous souvenez de ce piège bien connu glissé sournoisement dans les épreuves du code ? *Les élèves qui avaient réussi leur examen partirent en vacances* et *Les élèves, qui avaient réussi leur examen, partirent en vacances* ?

- *Certes ! Dans le premier cas (pas de virgule), tout le monde part en vacances ; dans le second, Virgule futée hisse le drapeau rouge, dans la mesure où seuls les élèves méritants partent en vacances.*

- Oui, mais hélas, dans d'autres cas, les conséquences peuvent être infiniment plus dramatiques. Rappelez-vous l'affaire du Marseillais.

- J'en ai entendu parler, mais… quel rapport avec le clan de la ponctuation ?

- Il y a quelques années, nous avions dans notre service l'inspecteur Nestor Barmu*. Un peu bizarre, mais néanmoins attachant, qui a préféré depuis se mettre à son propre compte. Nous sommes restés en bons termes et c'est lui qui a enquêté sur l'affaire. Voici ce qu'il m'a raconté un soir, à l'heure de l'apéro…

« Sur le coup de 16 heures, j'ai décidé d'aller faire un tour. Marre de rester enfermé. De toute façon, depuis quelques jours, ça turbinait pas trop à l'agence. Vous me direz, on n'est jamais spécialement débordés, mais là... Et puis, j'étais arrivé au bureau avec une migraine pas possible... Voilà ce que c'est quand on a passé la soirée à essayer de draguer une Péruvienne qui, en fin de compte, s'est avérée être une Brésilienne. Remarquez, j'ai rien contre les Brésiliennes... à condition qu'elles ne soient pas du genre bois de Boulogne, si vous voyez ce que je veux dire... Bref ! En plus, mon saxophone était chez le luthier, et côté picaillons pour le récupérer, c'était un peu juste. Pas comme le paquet de factures qu'Hélène, ma secrétaire, avait déposé d'un geste vengeur sur mon bureau. Après avoir enfilé mon trench-coat, j'ai remarqué qu'il avait besoin d'une petite visite chez le teinturier et j'ai failli allumer ma clope côté filtre. Hélène est intervenue juste à temps pour m'en empêcher,

de même que de jeter le contenu du cendrier dans l'aquarium du poisson rouge. D'un ton rogue, elle m'a signifié que décidément, ça ne s'arrangeait pas ; je lui ai fait remarquer qu'heureusement, on ne pouvait pas en dire autant de son popotin, et j'aime autant passer sa réponse sous silence…
J'ai dirigé mes pas (comme on dit dans les polars où les héros ont de la classe, ce qui n'est pas mon cas) vers le bas du boulevard Rochefoire. Au passage, je me suis arrêté au kiosque pour acheter le ***Lutétien libéré***. Puis, je me suis installé à la terrasse du Balto, j'ai commandé un express bien serré (normal, pour un flic), puis je me suis plongé dans mes saines lectures.

Un truc a attiré mon attention : un entrefilet consacré au Marseillais… Une vieille connaissance, celui-là. J'avais contribué à le faire plonger, il y a quelques années. Oh ! le cocktail habituel. Un trait de came, un trait de chantage, un trait d'arnaques en tout genre, plus un trafic de faux papiers avec en prime quelques, comment on dit, déjà ? Ah oui, travailleuses du sexe délocalisées de Bulgarie… La routine, quoi ! C'est du moins ce qu'ont dû penser les magistrats qui l'ont remis en liberté au bout de trois ans, pour bonne conduite. Comme quoi, parfois, même si on a loupé le code (pénal), on peut toujours se rattraper à la conduite… Toujours est-il qu'à sa sortie de tôle, je n'en ai plus trop entendu parler - il est vrai qu'il n'était pas du genre à hanter mes nuits. Et puis, il y a quelques jours, j'ai appris qu'il s'était fait dézinguer à la sortie d'une boîte de nuit. Au surin, un coup dans le ventre, du travail d'apache*, à l'ancienne. Par les temps qui courent, ça se perd, ce genre de tradition. Et voici que dans le ***Lutétien*** je lis que « Le Marseillais n'est pas mort comme on l'avait dit ». En fait, l'affaire se serait réglée à l'américaine, à la bastos, quoi ! Mouais... On ne peut pas spécialement dire que ça m'a interpellé quelque part, au niveau du vécu – comme dirait Hélène quand je propose de l'inviter à dîner chez Mc Do.

Pourtant, j'y ai repensé, au Marseillais. Le lendemain, je suis allé casser une croûte avec Lombard. Jamais trop su où le situer, ce zigue-là. Pigiste pour des feuilles de choux à ses heures, et vaguement indic à d'autres. Interlope, en somme (comme on dit, là encore, dans les enquêtes classieuses dont je ne serai jamais le héros). Mais je l'aime bien quand même. Et puis, ce jour-là, je n'avais pas envie de me taper un sandwich au bureau, avec Hélène qui m'avait fait ce matin même tout un sac avec une histoire de talon cassé, et comment elle allait pouvoir le faire réparer si je ne lui filais pas d'urgence un acompte, et patati et patata ; ça m'avait filé le bourdon...
Mais revenons à notre mouton marseillais. D'après Lombard, après s'être tenu peinard

une paire d'années, il avait recommencé à faire des siennes. Comme ce n'était pas la moitié d'un imbécile, et qu'il avait conservé quelques « solides amitiés » dans le milieu, il avait réussi à éviter les éclaboussures. Seulement voilà, l'appétit vient en mangeant, et il avait commencé à se laisser embringuer dans de très sales trucs. Il y aurait même eu du sang.
- Bref, conclut Lombard, entre deux bouchées de petit salé aux lentilles, il avait tout intérêt à se faire oublier.
Ce qui était malheureusement pour lui chose faite, hein ? Quant aux circonstances de sa mort…

Mais voilà que la dernière livraison du *Lutétien* m'apprend qu'on a retrouvé, la nuit précédente, le corps lardé de coups de couteau d'une mademoiselle Virgule, à proximité du canal Saint-Martin… La victime, qui n'avait aucun antécédent judiciaire, était estimée de son voisinage et travaillait dans l'atelier de typographie du *Lutétien*. Qui, pour la circonstance, ne manquait évidemment pas de lui rendre un vibrant hommage. « En somme, point final pour la virgule », n'ai-je pu m'empêcher de ricaner intérieurement. Et puis, je me suis traité d'imbécile. D'un seul coup, j'ai eu comme une intuition… Si, si ! Ça m'arrive !
- Dis donc, Lombard, ça me revient, maintenant… Il avait bien un frère, le Marseillais ?

- Tout à fait ! Et jumeau, en plus…
- Même, autant que je m'en souvienne, qu'il aurait tiré parti de cette ressemblance pour certains de ses coups fourrés. Je me trompe ?
- C'est vrai, et il n'était pas content, le frérot ; c'est lui qui prenait les risques… mais c'était le Marseillais qui se gardait le plus gros du grisbi* !

Je venais de comprendre… Récapitulons… Lombard m'avait bien dit que le Marseillais cherchait à se faire oublier. Or, la meilleure façon, c'était de se faire passer pour mort. Par ailleurs, le Marseillais a un frère jumeau avec lequel, toujours selon Lombard, il entretient des rapports de plus en plus tendus. On peut alors très bien imaginer que le second menace de faire chanter le premier sur l'air de : « File-moi du blé, sinon… »

Dès lors, le Marseillais fait coup double ! Il fait liquider son frangin. Et on le croit mort. La supercherie ne fera pas long feu, mais elle lui laissera suffisamment de temps pour prendre le large !

Seulement voilà… il y a l'impondérable mademoiselle Virgule. Je suis allé interroger des membres de son voisinage et ils m'ont confié que cette jeune femme, scrupuleuse autant que rigoureuse, malgré, *dixit* l'un d'entre eux, une cambrure des plus avantageuses, paraissait soucieuse après la parution du ***Lutétien***.

- Vous comprenez, disait-elle, je crois que j'ai commis une faute professionnelle… J'ai composé en virgulant "Le Marseillais n'est pas mort, comme on l'avait dit." Mais le chef d'atelier a exigé que je dévirgule, ce qui donnait "Le Marseillais n'est pas mort comme on l'avait dit." J'ai soutenu que j'avais raison, il s'est énervé et, furieux, m'a conseillé de prendre des cours de ponctuation.

Erreur fatale, mademoiselle Virgule ! Il est vrai qu'elle ignorait, la pauvre, que le chef d'atelier était depuis pas mal de temps, sans doute pour se beurrer les épinards, de mèche avec le Marseillais. "Le Marseillais n'est pas mort, comme on l'avait dit…" Voilà qui flanquait par terre le plan échafaudé par le machiavélique Marseillais ! Dès lors, mademoiselle Virgule devait disparaître…
Les flics - les officiels, je veux dire - ont intercepté le Marseillais juste avant qu'il n'embarque à Orly, sur un vol à destination des îles Caïman. Son déguisement en vieille lady anglaise n'a guère fait illusion. Il est vrai que ce crétin avait oublié de se raser les jambes…

Et moi, je connais un Marseillais qui va se prendre un sacré savon ! »

- *Si je vous comprends bien, nous voilà devant une banale affaire criminelle qui se complique sérieusement à la suite de l'intervention maladroite d'une jeune demoiselle Virgule ?*

- Je dirai même que cette Virgule, en s'immisçant avant *comme on l'avait dit*, laissait supposer que le Marseillais n'était pas mort du tout. Ce qui ruinait l'alibi du faux défunt…

- *Je vois. D'où l'intervention du chef d'atelier qui exigeait la disparition de la virgule. Ce qui donnait « Le Marseillais n'est pas mort comme on l'avait dit », et ne remettait pas en cause sa disparition, mais les circonstances de celle-ci…*

-Vous avez tout compris !

- *Au fond, la vie ne tient pas à grand-chose, parfois même à un tout petit signe.*

- En fait, tout est problème d'association. Ne dit-on pas : « association de malfaiteurs » ? Sauf que dans notre cas, pour nous les mots, tout se joue souvent à la naissance.

- *On dirait du Françoise Dolto …*

- Hmmm… sauf votre respect, c'est de l'ironie facile. Mais sachez que des éminents spécialistes se sont penchés très sérieusement sur cette étape fondatrice de notre vie...

- *Vous voulez parler des étymologistes, qui sont en quelque sorte les généalogistes des familles de mots. Ils tiennent compte des lois phonétiques, des lois sémantiques, de la date de naissance du mot, de sa région d'origine et même de son milieu social. Mais revenons à cette histoire « d'association » ; c'est bien le problème posé par les « genres » ?*

- Ah, les genres ! *A priori*, rien de plus simple : masculin, féminin : le garçon, la fille, etc. Mais le commun des mortels imagine difficilement les complications qu'il peut entraîner.

- *Ce n'est donc pas pour rien qu'on parle de « mauvais genre » ?*

- En effet, c'est parfois à prendre au pied de la lettre, si je peux me permettre cette expression ! Il se trouve que nous avons enregistré de nombreuses plaintes comme celles de *Tentacule**, *Augure*, *Antidote* et *Haltère*, entre autres, qui nous ont carrément rendu visite en délégation au cri de « On n'est pas des nanas ! » Nous avons également reçu les doléances de *Réglisse**, *Azalée*, *Échappatoire* et *Oriflamme* qui, elles, revendiquaient leur féminité tout en dénonçant le machisme rampant de notre époque…

- *Ce qui nous amène à évoquer le tout premier associé de votre vie de mot : l'article* !*

- Eh oui ! À se demander si on ne pourrait pas considérer le mot et l'article comme des frères ou des sœurs siamois ! Ou alors, comme le premier objet que l'on dépose dans le berceau du mot qui vient de naître…

- *En somme, l'article, serait un peu le hochet ou le doudou du nouveau-né – pardon, du nouveau mot ?*

- Il y a de ça, et, quand on considère l'aspect informe de certains doudous, on comprend mieux pourquoi il y a des articles qualifiés d'indéfinis…

- *Mais* quid *de la valeur d'usage ? Car derrière le mot et l'article, il y a celui ou celle qui les utilise. Que se passerait-il si le mot, invoquant son libre arbitre, souhaitait changer d'article, et par conséquent de genre ?*

- C'est une bonne question. C'est en effet une tendance, mais les grammairiens parleraient plutôt de déviance.

- J'aimerais que vous m'en disiez un peu plus.

- Je sens que vous avez envie de me faire parler de la calamiteuse affaire du Salon des genres…

- Le fait est que la presse s'était déchaînée ! Comme l'atteste cette coupure de journal au lendemain de l'événement et que j'ai conservée.

****

LE SALON DES GENRES

(De notre correspondant)

Durant des années, le Salon des genres, qui se tient, rappelons-le, porte de Versailles, du 29 février au 30 mars, sous le haut patronage de l'Académie française et du ministère de la Culture, a toujours été la vitrine du bon goût linguistique spécifiquement français. Hélas ! Cette année, l'inauguration de cette manifestation d'ordinaire consensuelle entre toutes s'est soldée par des affrontements d'une violence inouïe et de nombreuses arrestations. Nous avons pu recueillir en exclusivité le témoignage du brigadier Larticle, responsable du service d'ordre…

Un salon qui respire la dignité… Telle est l'impression que l'on ressent cette année comme les précédentes, tandis qu'une longue file patiente devant les portes du pavillon C, avant l'inauguration. Au milieu de l'incessant va-et-vient des véhicules officiels et des vociférations des porteurs d'invitations qui se voient contraints fermement mais courtoisement de rejoindre la file d'attente, l'ambiance est empreinte d'une bonhomie raffinée ; pour tromper l'attente, chacun a apporté qui son *Robert*, qui *son Bescherelle**, qui son *Grevisse**. De sorte que, plongé dans ses saines lectures, personne ne prête attention à un petit groupe pour l'heure silencieux, massé derrière les grilles de l'enceinte…

« On nous avait bien dit que cette année, il risquait d'y avoir du grabuge, nous confie le brigadier Larticle sur son lit d'hôpital. Le chef – le commissaire d'Ormisson – nous avait fait part de lettres de menaces reçues à quelques jours de l'ouverture. J'en avais pris connaissance : de vagues gribouillages, signés par un mystérieux CGL, et par un non moins bizarre LMD, et je ne m'étais pas inquiété outre mesure.

« De toute façon, m'a dit le chef, on reçoit tellement de lettres de zozos… Ceci étant, Larticle, je vous encourage à la vigilance. Ça m'étonnerait que ça vienne de Ben Laden ou des Corses, mais principe de précaution oblige, n'est-ce pas ? »

19 heures. Enfin, les portes s'ouvrent ! Les visiteurs se pressent dans le hall, tout en affectant une nonchalance érudite…

Le brigadier Larticle nous précise que ce n'est que vers 21 heures que l'enfer s'est déchaîné. « Vous vous doutez bien que j'étais en relation constante avec mes gars. RAS ! Bien sûr, le groupe, là, derrière les grilles, on l'avait remarqué, mais je me suis dit que c'était juste des jeunes qui traînaient, là, comme ça… Et puis, le XVe, c'est quand même pas le neuf-trois. Si j'avais su… »

En attendant, l'ambiance bat son plein dans le salon. Dans les stands, les bouchons sautent ; blinis, caviar d'aubergine et tarama se tartinent dans la joie et la bonne humeur.

« Même moi, je n'ai pas résisté, poursuit le brigadier Larticle. De passage devant un stand, j'ai cédé à une belle attachée de presse qui me proposait de me rafraîchir un peu. Je me suis retrouvé, à l'insu de mon plein gré, une coupe à la main, une tomate cerise dans l'autre. Du coup, j'ai posé mon talkie-walkie. Et c'est là que tout s'est déclenché !! Quand j'ai capté le signal, il était trop tard !! »

À environ 21 heures, le brigadier Larticle manque de s'étrangler en avalant un dernier blini à la purée de concombres, tandis que retentit un monstrueux vacarme, comme si les vitres d'accès à la porte C venaient d'exploser !

C'est une véritable horde qui envahit la vaste enceinte. Ou deux, plus exactement. « J'sais plus trop, avoue en sanglotant le brigadier Larticle. Le champagne, ça me réussit pas. Et puis, les concombres, ça me donne des aigreurs d'estomac. »

Précisons que le salon des Genres comporte deux Espaces : l'Espace vêtements et l'Espace corporel. C'est sur le premier que se déchaîne d'abord l'offensive des émeutières arborant badges et banderoles *Chiennes de Garde Linguistiques*… « Donc, CGL, le sigle, là, sur ces lettres de menaces, avant l'ouverture. Ça m'est revenu ; comme les concombres, d'ailleurs »… commente le brigadier Larticle d'un ton incertain, pour ne pas dire indéfini…

Et déjà, les furies déferlent. Tout y passe. Leur leader, à moins qu'il ne faille dire leur *leadère*, rugit à l'aide d'un porte-voix :

« Femmes jusqu'au bout ! Femmes jusqu'au bout de la langue ! À bas la dictature des accessoires ! À chaque contenu son contenant ! Désormais, nous voulons ***une*** *corsage,* ***une*** *soutien-*

gorge, ***une*** *maquillage,* ***une*** *rouge à lèvres,* ***une*** *vernis à ongles,* ***une*** *fond de teint,* ***une*** *mascara,* ***une*** *bigoudi,* ***une*** *collier,* ***une*** *bracelet,* ***une*** *porte-jaretelles,* ***une*** *talon aiguille,* ***une*** *brushing,* ***une*** *string ! »*

Et les bougresses de saccager et de déchirer les accessoires en question ; selon des témoins, certaines en auraient même profité pour en glisser en douce dans leur sac à main. Un vigile qui tentait d'intervenir a d'ailleurs été durement rabroué en ces termes : « Touche pas à ***ma*** sac à main, sale macho ! »

Puis, elles se précipitent à l'Espace corporel.

« Vivons nos corps de femme dans toute leur plénitude. Toutes en chœur, mes sœurs : j'ai ***une*** *sein,* ***une*** *vagin,* ***une*** *clito,* ***une*** *hymen,* ***une*** *cul, et je suis* ***une*** *bonne coup ! »*

Malheureusement pour notre service d'ordre déjà complètement dépassé, les émeutières ne sont pas seules. Il y aussi les émeutiers ! Bardés de cuir et de chaînes pour les uns, de complets-cravates pour les autres, les voici qui, à grands coups d'attachés-cases ou d'antivols pour motos, donnent l'assaut à des stands qui n'en demandaient pas tant.

Et leur leader déchaîné de s'exprimer sous une banderole « Les Mecs D'abord ».

« Eh oui… LMD, soupire le brigadier Larticle. Là encore, on aurait dû s'en douter. »

« On est des mecs ! On n'est pas des pédés. Alors on récupère notre bien. Y en marre de tout se faire piquer par les gonzesses. En avant, les keums ! »

La horde masculine achève le saccage. Après son passage, l'Espace vêtements n'est plus qu'un tas de haillons.

« Y a même pas ***un*** *cravate,* ***un*** *chaussette,* ***un*** *veste,* ***un*** *redingote,* ***un*** *gourmette,* ***un*** *casquette,* ***un*** *bande molletière,* ***un*** *paire de baskets »*, crache le meneur avant de balancer une allumette dans tout le bazar…

Un sort identique est réservé à l'Espace corporel : *« Je veux* ***un*** *barbe,* ***un*** *moustache,* ***un*** *bite,* ***un*** *pomme d'Adam,* ***un*** *verge,* ***un*** *couille (remarquez, si vous me faites les deux au prix d'une, ou plutôt d'un, je ne suis pas contre),* ***un*** *prostate, et* ***du*** *testostérone. »*

Et c'est dans le chaos le plus total que le brigadier Larticle parvient à se frayer, à travers le hall dévasté, un chemin vers la sortie. Mais alors qu'il est tout près du but, il est intercepté par des membres du LMD qui, eux aussi, battent en retraite – il est vrai qu'un important dispositif policier se déploie, toutes sirènes hurlantes, autour de l'édifice.

« C'est à ce moment-là qu'ils m'ont roué de coups… J'ai pas été malin, faut dire… J'ai sorti ma carte de police. Avec mon nom : Larticle.

- Tiens donc… Larticle… ou plutôt l'article*. Le, la, un, une. C'est toi, au fond, qui fout le bordel, depuis le début ! Hé, les filles, venez voir !

Au même moment, les nanas du CGL, ils ou elles, j'sais plus, et puis j'ai plus envie de savoir, me sont tombés dessus… Enfin… J'vais pas vous faire l'article pour tout ça. »

****

- Une petite question, commissaire : qu'est devenu l'infortuné brigadier Larticle ?

- On avait envisagé de le mettre à la circulation, mais les essais n'ont guère été concluants. Côté signalisation, il avait trop tendance à tergiverser. Un coup défini, un coup indéfini… Tout ce qu'il fallait pour semer une pagaille monstre. Pauvre gars ! Je crois qu'il a fini vendeur de breloques du côté de Barbès. Remarquez, c'est une autre façon de faire l'article !

- Cette histoire a fait un sacré boucan dans le Landermots – pardon ! dans le Landerneau des mots !*

- On peut dire que nos enseignantes, qu'il s'agisse de mademoiselle Grammaire, de mademoiselle Syntaxe ou de mademoiselle Orthographe, ne nous ont pas toujours facilité la vie, même si elles étaient peut-être animées des meilleures intentions. Ce fichu « genre », qui figure parmi leurs instruments pédagogiques préférés, en fournit un bon exemple. D'ailleurs, j'aimerais vous confier une anecdote, puisée dans ma propre expérience, qui, toute modestie mise à part, a permis d'éviter bien des drames.

- Je suis tout ouïe.

- Tout a commencé quand, cloué au lit un dimanche par une grippe carabinée, j'ai appelé au secours l'excellent monsieur *Docteur*. Mais, à ma grande surprise, c'est une femme qui s'est présentée. Oh ! Je n'ai rien contre, bien au contraire. La praticienne a néanmoins remarqué qu'au milieu du flou résultant de mes 39°, pointait une lueur de perplexité.
« Eh oui, je sais, inspecteur, mais il y a belle lurette que j'ai dû renoncer à me présenter comme madame *Doctoresse*. Il paraît que cela n'est pas l'usage. »

- Encore et toujours l'usage !

- Ne nous leurrons pas ! En fait, c'est bien lui le maître caché, mais omnipotent de nos destinées.

- Peut-être même le véritable responsable de tous les maux qui font l'objet de notre propos.

- Il y a de cela. Mais l'usage, c'est l'affaire de ceux qui nous utilisent. Les mots proposent, les hommes disposent. Autant vous dire qu'en nous attaquant à l'usage, nous affronterions, mes services et moi-même, le plus puissant des lobbys. Pour l'heure, nous nous efforçons de parer au plus pressé...

- *Pourtant, il existe bien une* Doctoresse*, si je ne m'abuse...*

- Dûment pourvue d'un acte de naissance, et enregistrée par notre service d'état-civil, dont on ne présente plus les zélés fonctionnaires : messieurs Larousse, Robert, Littré, et quelques autres. Malheureusement, *Doctoresse* a mal démarré dans la vie, victime, il est vrai, de la concurrence impitoyable de son frère *Docteur.* Déjà, à la récré, nombre d'entre nous souhaitaient jouer au docteur, mais jamais à la doctoresse ! Plus tard, sa carrière professionnelle s'en est trouvée gravement compromise. On peut parler d'un frère authentiquement tyrannique sous ses dehors rassurants, l'ayant contrainte, tant sur les plaques de cuivre à l'entrée de son cabinet que dans les pages jaunes des annuaires, à renoncer à son identité initiale de doctoresse, et à se présenter comme docteur. Notez qu'elle a tenté un ultime recours en se faisant greffer à la clinique Terminaison (où le docteur Genre, incidemment, faisait des heures supplémentaires pour arrondir ses fins de mois) un *e* qui la transformait en *Docteure*, mais sa démarche s'est soldée par un fiasco complet.

- *Ceci étant, vous me laissiez entendre que cette rencontre avec cette doctoresse avait été le point de départ d'une étrange enquête...*

- Le surlendemain, elle est revenue s'enquérir de mon état. Grâce à ses prescriptions, je commençai à émerger.

Et, comme elle était plutôt mignonne, nous avons commencé à bavarder. Elle m'a ainsi confié qu'elle habitait dans le quartier, dont elle fréquentait assidûment le centre culturel, dont j'ignorais l'existence, et je lui ai dit que je serais ravi de le découvrir en sa compagnie…

- Je vois que, si vous me permettez, pour être « mot », on n'est pas de bois !

- Je ne vous le fais pas dire ! Plus tard, nous avons rendu visite à ce centre… où la doctoresse m'a confié qu'il se passait des choses étranges. J'ai compris que ses motivations n'avaient rien de personnelles, et que c'était surtout à mes compétences professionnelles qu'elle s'intéressait. Mais bon… le boulot avant tout !

- Un centre culturel. Mais encore ?

- On y côtoie des personnages issus de différents horizons : littérature, arts plastiques, presse, musique, chorégraphie… Un endroit *a priori* des plus intéressants. Mais depuis quelque temps, on a constaté que certains de ses membres recevaient des curieuses lettres de chantage concernant leur vie privée : messieurs *Poète*, *Sculpteur*, *Rédacteur*, *Romancier* et *Chanteur*, entre autres.

- Des mots masculins… Sûrement pas une coïncidence ?

- Je rends hommage à votre perspicacité. Rentré chez moi, j'ai gambergé. Des mots masculins attaqués sur leur vie privée ? J'ai commencé à comprendre : tous les destinataires des lettres anonymes avaient une vie épanouie, avec des conjointes reconnues : au poète sa poétesse, au rédacteur sa rédactrice, au chanteur sa chanteuse, au danseur sa danseuse, au romancier sa romancière, au sculpteur sa sculptrice... Dès lors, la piste s'orientait vers un quarteron de transexuels aigris autant que frustrés : *Auteur*, *Écrivain*, *Peintre* et *Batteur*, inéluctablement privés du mot sœur...

- *Pourtant, cela semble s'être arrangé, puisque cette affaire, contrairement à d'autres, n'a pas défrayé la chronique.*

- Les maîtres chanteurs ont admis leur culpabilité, et promis qu'ils ne recommenceraient plus grâce au soutien psychologique d'une association, le Club des Androgynes, qui compte notamment messieurs et mesdames *Journaliste*, *Pigiste*, *Violoniste*, *Pianiste*, *Guitariste*, *Flûtiste*, *Choriste*, lesquels (lesquelles ?) assument pleinement leur bisexualité. On pourra néanmoins dire qu'ils avaient tout tenté. Nous avons aussi établi qu'ils avaient fait appel aux services de la clinique Terminaison. Bide complet, avec *Auteure*, *Écrivaine* (une authentique catastrophe sémantique), pour ne rien dire de *Peintresse* et *Batteuse*, avec en prime un mémorable crêpage de chignon entre la joueuse de batterie et son homonyme agricole.

- *En fait, le tort de vos enseignantes est d'avoir négligé le côté... relationnel de la vie des mots. La tyrannie de ce* Docteur *vis-à-vis de sa sœur* Doctoresse *en fournit un bon exemple. Et, comme vous le disiez justement, le mot n'est pas fait pour la solitude.*

- Elles n'ont pas réfléchi aux conséquences d'éventuelles ruptures. J'aimerais aussi citer le cas d'unions indestructibles entre certains mots qui ont donné lieu à d'authentiques drames passionnels, mais, notre brigade a pu éviter le pire. Ce qui nous a mis la puce à l'oreille, ce sont ces mots qui sont venus se plaindre d'être harcelés par des partenaires qui s'estimaient délaissés – au point que leur vie n'avait plus aucun sens, au propre comme au figuré.

- *Par exemple ?*

- Je pense à *Fur*★, inconsolable depuis que *Mesure* le trompe avec *Sur*, au couple *Draconienne*★ et *Drastique*★, qui ne sont pourtant pas du genre à inciter la bagatelle et qui sont soupçonnés d'être sados-masos.

- *Bravo !*

- Rassurez-vous, notre brigade des mœurs est sur le coup, si j'ose dire. Je pense à *For*, totalement replié sur lui-même dès qu'*Intérieur* s'en va visiter des appartements sans lui. *Dam*★, qui menace de faire un sacré ramdam si son *Grand* ne rejoint pas toutes affaires cessantes le domicile conjugal. *Laps*★, qui a perdu toute notion du *Temps*, parti on ne sait où. Et puis *Clin* – à tenir sans cesse à l'*Oeil* de peur qu'il ne commette un geste désespéré.

- *En réalité, il s'agit de couples mal assortis ?*

- Parlons plutôt de partenaires dont l'un ne peut survivre sans l'autre. Dans les cas cités, c'est évident, et c'est pourquoi je compte proposer au Garde des Sceaux de réfléchir à un projet de loi qui forcerait *Mesure, Intérieur, Grand, Temps* et *Oeil* à maintenir des relations régulières avec leurs conjoints.

- *Il existe aussi des couples comme grand dam ou for intérieur qui ont quelque chose de suranné et quand ils célèbrent leur anniversaire de mariage, ce ne doit pas vraiment être l'ambiance cotillons. Mais ce n'est pas le pire... Il y a les unions...*

accidentelles, entre mots qui n'ont rien à voir entre eux et qui ont une identité bien distincte. Il peut s'en suivre des confusions dramatiques ! J'ai justement dans mes dossiers quelques « brèves de prétoires » publiées par la Gazette du Palais, *et qui devraient éclairer notre propos…*

LA GAZETTE DU PALAIS

(De notre correspondant)

« Pierre Fusil*, tenancier de l'armurerie quasi éponyme* *La Pierre à fusil*, a été condamné à la réclusion à perpétuité à l'issue du procès où il comparaissait suite au meurtre de Joseph Carabin*, médecin de son état, sauvagement assassiné par le prévenu d'une décharge en pleine poitrine… Motif : l'infortuné Carabin était devenu l'amant de son épouse, Adélaïde Carabine, tenancière d'un stand de tir à la foire du Trône. Les protestations de Fusil, qui arguait du fait que c'était lui qui avait offert ce stand à sa petite Carabine en cadeau de mariage, n'ont de toute évidence pas ému le jury, sensible, il est vrai, aux arguments de maître Hippocrate*, l'avocat de la famille Carabin : "Car en vérité, je vous le demande, en votre âme et conscience, Messieurs les Jurés, sans les Carabins, les Fusils n'auraient-ils pas depuis belle lurette transformé notre monde en charnier ?" À l'annonce du verdict, Pierre Fusil s'est répandu en vindictes et autres injures, nonobstant les appels au calme de son avocat, maître Pistolet. »

***

« Au terme d'une procédure complexe, le dénommé Étienne Citron a obtenu gain de cause : le tribunal a retenu sa plainte pour le harcèlement sexuel dont sa cousine Mandarine faisait l'objet de la part de Chi Qong Mandarin, propriétaire du restaurant *Aux sept arômes*, sis dans le XIIIe arrondissement de Paris. L'enquête a prouvé qu'outre ses avances, le diabolique Mandarin faisait subir à l'infortunée Mandarine et, de façon générale, à la famille Agrume, contrainte par une calamiteuse suite de pépins à faire appel à lui pour préserver un zeste de subsistance et de dignité, d'ignobles traitements – n'hésitant pas à l'offrir "confite" aux plus bas instincts de ses clients. Mais l'avocat de l'accusé, maître Nem, se veut optimiste : " Depuis le temps qu'on nous traite de faces de citron… Rira bien qui rira le dernier, et tel est pressé qui croyait presser, comme le disait le vénérable Confucius* !" »

***

« Quatre mois de prison ferme assortis d'une amende de 400 000 euros : voilà ce qu'il en coûte au frère Capucin, de la pourtant fort respectable Trappe de Chausses, pour s'être adonné durant de longues années à un trafic de Capucines, dont il inondait les jardineries des environs… La brigade des mœurs semble finalement avoir abandonné le dossier, mais l'expression même "trafic de Capucines", eu égard son ambiguïté, risque fort de ne pas redorer le blason d'un clergé parfois soupçonné de mœurs douteuses. »

***

« C'est une bien sordide affaire de trafic de vêtements qui est sur le point d'être jugée devant le tribunal de Roubaix… Sur le banc des accusés : le gang de Compostelle, de faux pèlerins qui, ayant acheté au plus bas prix des pèlerines fabriquées dans un pays d'Extrême-Orient dont le Quai d'Orsay a demandé à tenir secret le nom, sous peine de graves sanctions économiques des plus préjudiciables en ces temps de crise, les revendaient au prix fort à des camarades de marche épuisés. Leur cible : de riches bobos-cathos-écolos, peu habitués à l'effort et notamment à la marche à pied, et dont ces escrocs savaient qu'ils étaient prêts à payer le meilleur prix. »

***

« Un procès peu ordinaire pour un couple diabolique, enfin, si l'on peut dire, vu le contexte de l'affaire : le père Aumônier, vicaire de la paroisse de Gruge, un paisible village d'Ardèche, et Félicie Aumônière*, qu'il employait en tant que gouvernante. Les deux prévenus ne comparaissent pas en raison de leur liaison secrète, qui est du ressort des autorités ecclésiastiques compétentes, mais de l'odieux trafic auquel ils se livraient depuis plusieurs années.
Au demeurant, à la barre, le père Aumônier ne se prive pas de charger sa complice : selon lui, c'est bel et bien Félicie qui l'a incité à de substantiels détournements effectués, entre autres, sur le denier du culte de la paroisse. Tout ce trafic aurait pu continuer à se dérouler impunément si, au moment où il éteignait les cierges juste après les vêpres, le jeune Evariste Gaulois*, l'enfant de chœur, n'avait surpris Aumônière en train de glisser dans la poche de sa blouse des pièces de monnaie prélevées dans la corbeille qui sert à la quête… Une aumônière prise la main dans le sac, en somme… »

***

-*Édifiant, non ?*

- J'allais le dire.

- *Bien complexe, décidément, la vie quotidienne des mots, commissaire ?*

- Pas plus que celle des humains, et, je suppose que je ne vous apprends rien, mais la similitude ne s'arrête pas là. Nous avons évoqué des mots en survie dès qu'ils sont privés de leur partenaire, mais il y a l'inverse, ceux qui revendiquent leur singularité... C'est plus complexe et on peut même parler de troubles de la personnalité.

- *Je ne vous suis pas très bien.*

- Vous allez vite comprendre. Dans les cas précédents, il s'agissait de troubles relationnels, qui impliquaient deux mots. Ceux auxquels je pense maintenant sont des mots qui n'ont jamais été seuls, et qui ne le supportent plus. Si je vous dis « pluriel », vous pensez à quoi ?

- *Attendez... Bon sang, mais c'est bien sûr ! Ces mots qui sont nés singuliers, mais qui sont condamnés à vivre leur vie au pluriel ! Les* Semailles, Vivres *et autres* Pénates*...

-Élémentaire, mon cher ami. Une fois de plus, nous devons remonter le temps, et retourner à la clinique du Larynx. où, comme vous l'avez dit, il s'en passait de belles.

- *À vous entendre, je me demande si cette clinique n'avait pas un côté laboratoire du docteur Frankenstein... J'exagère ?*

- Pas tant que ça. Toujours est-il qu'on y trouvait un étrange praticien, le docteur Nombre* ; c'est grâce à lui que les mots peuvent se multiplier : un lion, des lions, une fille, des filles, et ainsi de suite… grâce à la technique dite de la marque du Pluriel (du nom du chirurgien qui l'a inventée), dont chaque mot peut bénéficier : il lui suffit d'arborer un badge en forme de S.

- *La marque du Pluriel… Ça ferait un beau titre de thriller.*

- Hélas, cette marque du Pluriel est la cause indirecte de bien des drames, lorsque, pour des raisons inexplicables – coup de folie, ou simple caprice des praticiens –, certains mots ont reçu, à la place du S, un badge en forme de X.

- Bijou*,* caillou*,* chou*,* genou*,* hibou*,* joujou *et* pou ?

- Eux-mêmes. Remarquez, rien de grave au départ. *Bijou* – qui, il est vrai, a toujours eu un côté frimeur – n'était pas peu fier de son X. Mais cela a entraîné de regrettables confusions. Dès qu'ils sortaient en groupe pour une tournée de promotion dans les écoles, nos lascars se retrouvaient affublés de S, en place de X, plus souvent qu'à leur tour. Pour ne rien arranger, on a enregistré une fièvre des naissances sous X dans les services des docteurs Nombre et Pluriel…

- *D'où, je suppose* gouvernails, épouvantails, poitrails*, mais aussi* soupiraux (*et non* soupirails), vitraux (*et non* vitrails), coraux (*et non* corails) ?

- Allez comprendre ! À se demander si ces deux praticiens, plutôt respectables, n'avaient pas un peu perdu la terminaison – pardon, la tête. On murmure que même la sulfureuse mademoiselle Orthographe trouvait que ça commençait à bien faire.

- Peut-on imaginer toutefois que, derrière ses vertueuses protestations, mademoiselle Orthographe ait guidé la main de Nombre et Pluriel avec ces fameux tatouages ? Venant de quelqu'un dont le slogan pourrait être : « Pourquoi faire simple quand on peut faire compliqué », cela n'aurait rien de surprenant...

- Avec le temps, j'ai appris à être un mot de terrain et il y a certaines considérations dans lesquelles je ne souhaite plus entrer. Mais, bon an mal an, les mots concernés ont appris à vivre avec. Récemment, d'autres agissements perpétrés par Nombre et Pluriel ont défrayé la chronique lorsque des mots qui ne supportaient plus leur badge inamovible ont dénoncé l'arbitraire du pluralisme, en revendiquant leur individualité comme leur droit à partir en vacances en célibataire, ou à faire chambre à part. Des revendications qui ont pris une tournure quasi insurrectionnelle, à tel point que nous avons dû faire intervenir une de nos plus brillantes unités, la « brigade des pluriels » ! Ça devenait sérieux !

- Surtout lors d'événements aussi... singuliers, si je puis dire, que ceux du 22 février 2010... J'ai là une coupure de presse qui relate ces faits dramatiques.

DE CURIEUSES DISPARITIONS

(De notre correspondant)

L'émotion est grande après les événements du 22 février 2010. De quoi relancer le débat sur les sectes et le communautarisme, à quelques semaines d'une échéance électorale…

22 février 2010. L'aube point sur les pentes nimbées de brouillard du mont Gingembre, lorsque les forces de l'ordre donnent l'assaut à une lourde bâtisse aux solides pierres de basalte, dûment chapeautée de belles et épaisses ardoises. Derrière cette apparence de robuste bonhomie se cache en effet le repaire d'une redoutable secte…

Durant l'été 2009, la brigade des Pluriels constate la disparition des demoiselles *Arrhes**, au plus fort de la crise financière. Lors d'une perquisition à leur domicile, les enquêteurs découvrent, punaisé au-dessus de leurs lits jumeaux, un message ainsi libellé : « En pleine tourmente, alors que quelques nantis se remplissent les poches aux dépens des plus démunis, comment tolérer qu'il existe encore *des* arrhes ? Il est temps de faire rendre gorge aux chacals de la finance, aux hyènes du lucre et autres vautours du libéralisme. *Une* arrhe, ça va ! Trois, bonjour les dégâts ! »

Au bas du message, un sigle de trois lettres : OMS…

La piste de l'enlèvement est écartée : ce ne serait pas à l'insu de leur plein gré que les demoiselles Arrhes, que leurs voisins et les commerçants de ce quartier huppé de Deauville décrivent comme des jeunes femmes d'une grande rigueur, notamment financière, auraient disparu. Aucune trace de violences ; on retrouvera même intacts leurs livrets de caisse d'épargne et des bons du Trésor dans leur coffre-fort…

Or il se trouve qu'en quelques mois, la brigade des Pluriels avait recensé un nombre impressionnant de disparitions : les femmes *Obsèques, Bribes, Archives, Mânes**, *Pénates**, *Semailles, Victuailles, Vivres, Représailles, Ténèbres…*, ainsi que les dénommés *Gravats, Ouailles, Pénates, Desiderata, Frusques, Thermes, Épousailles, Fiançailles* (sœur cadette de la précédente)… Tous et toutes volatilisées, avec en lieu et place un message énigmatique signé OMS…

C'est le commissaire divisionnaire Capella*, un brillant retraité auquel on s'est décidé à faire appel, qui lèvera le lièvre quant au mystérieux sigle OMS, disculpant par là même l'Organisation mondiale de la santé, déjà dans la tourmente pour cause de collusion avec les laboratoires pharmaceutiques, rapport au diagnostic exagéré concernant le virus H1 N1.

« Nos disparus ont tous un point commun : ils ne s'emploient qu'au pluriel ! Alors, OMS… MS… Mais oui ! Mot Solitaire…Et O ? Peut-être bien Ordre. Ordre du Mot Solitaire ? Cette histoire sent la secte ! »

Message reçu cinq sur cinq à Matignon où le porte-parole du gouvernement, Frédéric Utile, déclare « qu'on ne supportera plus longtemps qu'une poignée d'individualistes mette en péril l'existence même de la Nation ».

Le 22 février 2010, les forces de l'ordre investissent le siège de l'Ordre du Mot Solitaire, dont les occupants finissent par se rendre, non sans échanger force horions avec les représentants de la loi. « Ce n'est qu'un début, nous continuerons le combat », rugit une demoiselle Obsèque, hâve et dépenaillée, dont on ne voudrait même pas au bord d'une fosse commune…

Néanmoins, dans une louable volonté de dialogue, les autorités autorisent les interpellés à expliquer leurs motivations lors d'une conférence de presse. En voici quelques extraits :

- Vous prétendez préserver l'environnement, mais *un* gravat, ça ne vous suffit pas ? Et ce n'est pas immondice qui dira le contraire...
- Quand vivrons nous enfin en paix ?... *Les* représailles, c'est fini ! Déjà, à moi toute seule, je n'ose même plus sortir dans la rue, surtout après un attentat...
- *Des* pénates ? Tu parles... Avec la crise du logement, *une* suffirait largement !
- *Des* ouailles ? Il faudrait s'adapter à la crise de la foi. *Une*, déjà, c'est pas si mal... Et puis, avec toutes ces histoires de pédophilie...
- *Des* fiançailles ? *Une* fiançaille, ce n'est pas assez satisfaisant pour ce cavaleur ? Si j'avais su, j'aurais écouté maman...Pas vrai, noce ?
- *Des* catacombes ? Soyons modestes... Déjà qu'à Paris, c'est plus un sous-sol : c'est un vrai gruyère !
- Halte au tarif scandaleux *des obsèques* ! Avec *obsèque*, je ne me retrouve plus à sec !
- Vu la situation internationale, *des* pourparlers, à quoi ça mène ? À force de se disperser...
- *Des* mœurs !! Et après, on viendra hurler au stupre et à la débauche !
- *Des* bribes... Quand est-ce qu'on arrêtera de parler pour ne rien dire ? Le langage, c'est comme l'eau ou le pétrole : ça s'économise !
- Évidemment, à force de mettre *des* frusques, ce sont les Chinois qui s'en mettent plein les poches. Non *aux frusques* made in China ! Vive *la frusque* made in France !
- Archives, archives... Halte au flicage administratif !

On aura beau jeu ensuite de dénoncer les lenteurs de l'administration, et de décimer les fonctionnaires. *Une* archive à la fois, OK ?
Devant cette levée de boucliers, certains intellectuels salueront un juste combat contre une globalisation qui broie l'individualité, au profit d'un pluriel réducteur autant que niveleur.
Il se dit même que certains membres de l'OMS envisageraient de présenter une liste lors des prochaines élections présidentielles – encore que *Gravat*, *Immondice* et *Hydrocarbure* n'excluent pas un rapprochement avec Europe Écologie…

★★★

- À se demander s'il ne faudrait pas traîner l'équipe qui officie à la clinique du Larynx devant l'ordre des médecins ! J'exagère peut-être.

- Oui, dans la mesure où une bonne partie des troubles qui affectent nombre de mots ne sont pas de naissance. N'oublions pas qu'un mot dépend aussi de l'usage que l'on en fait. Ce qui montre bien que notre autonomie est des plus relatives et que certains d'entre nous, qui appartiennent à une même famille, peuvent avoir des statuts très différents.

- Vous avez dit « statut ». Entendez-vous par là que les mots peuvent avoir une connotation, disons… sociale et qu'il pourrait y avoir aussi des mots de droite et des mots de gauche ?

- C'est exactement là où je voulais en venir. Un exemple parmi d'autres : *Pull* et *Tricot*. Au sein de la famille des vêtements, on peut les considérer comme de proches cousins, mais *Pull*, ça fait plutôt penser à Sonia Rykiel et *Tricot*, à Monoprix.

- On pourrait citer aussi Nouilles *et* Pâtes, Vélo *et* Bicyclette, Slip *et* Caleçon…

- En effet, avec ces exemples, on constate une forte connotation sociale, mais leur cohabitation ne pose guère de problèmes. Pour l'heure, nos services ne font état d'aucun affrontement entre partisans des uns et des autres. Si *Pâtes* conserve de solides bastions côté cuisine bourgeoise ou même nouvelle cuisine, dans leur version très allégée, *Nouilles*, après avoir été l'apanage des étudiants fauchés, a fait son chemin chez les restaurateurs asiatiques.

- *Sauf votre respect, je trouve plaisant le fait que des nouilles puissent faire leur chemin !*

- Ce qui montre que, quand on traite quelqu'un de *nouille*, on ferait bien d'y réfléchir à deux fois et que, grâce à ce rééquilibrage des forces, la guerre des restos n'est pas pour demain. De même, selon le témoignage des CRS chargés de surveiller les plages, *slips* et *caleçons* semblent cohabiter en bonne intelligence. On note que le caleçon, qui enveloppe la taille, les fesses et le sexe (*verge* ou *pénis* ?), aurait la préférence des Anglo-saxons puritains et protestants, alors que le slip moulant et suggestif serait le symbole des latins bruyants, pauvres et « va-nu-sexe ». Il est vrai qu'entre eux, *string* a su créer un indéniable consensus !

- *Commissaire, vous êtes un polisson !*

- Oh, si peu, si peu ! En fait, nos services psychologiques - si, si, ça existe aussi au sein de la police - soulignent que l'important, pour un mot, c'est de se sentir aimé. Certes, *vélo*, c'est moins flatteur que *bicyclette*, qui a un côté incontestablement aristocratique. On pense aux bourgeoises qui chevauchent allègrement leur bicyclette à travers les bocages de l'île de Ré pendant que la France profonde est toute à son affaire, celle du Tour de France à *vélo*. Même chose pour un *pull* : être par exemple le (ou l'un des *pulls*) d'Alain Delon, avouez que ça a des avantages. Les choses se gâtent, quand le mot se sent méprisé, voire détesté. J'imagine que, comme tout le monde, vous avez entendu parler de la manifestation du MMMA.

- *Bien sûr, et si j'osais, j'ajouterais que dans le genre « zéro tracas, zéro blabla », c'était plutôt loupé !*

- Lisez ceci : c'est un compte rendu de l'interrogatoire de quelques manifestants. On peut s'étonner qu'ils aient été conduits dans nos services pour contrôler leur identité, qu'ils ont justement revendiquée haut et fort tout au long de cette journée. Mais c'est la procédure qui le veut ainsi.

***

De l'inspecteur Magret*

Au commissaire Navarin,

le 8 avril 2010

Monsieur le commissaire

Suite à la manifestation organisée par le MMMA (Mouvement des mots mal aimés), et aux consignes de fermeté émanant des ministères de la Justice et de l'Intérieur, j'ai pris humblement l'initiative de placer un certain nombre d'éléments incontrôlés en garde à vue dans les locaux de la police judiciaire. Vous trouverez ci-dessous et dont par laquelle un résumé succinct de leur interrogatoire.

J'ose espérer, monsieur le commissaire, que vous me pardonnerez ma liberté de ton lors des dits interrogatoires, mais il faut parfois savoir se mettre à la portée, quoi qu'il nous en coûte et en plein accord avec notre plein gré, de certains contre-venants et autres factieux…

- Alors, *Cochon*, on a encore fait des siennes ?
- Ras la truffe de l'indifférence et de l'inertie des pouvoirs académiques ! Que n'ai-je entendu, depuis que je suis syndicaliste… On m'a traîné dans la boue, on m'a accusé de saleté chronique, de manipulations douteuses, d'incitation au stupre et à la débauche, et que sais-je encore !!
- T'es pas un peu parano, des fois ? « Dans le cochon, tout est bon » ?
- Encore et toujours de l'enfumage ! Si vous croyez que c'est grâce à ça qu'on arrêtera de prendre les cochons pour des andouilles…
- J'm'en vais te dire une bonne chose : faire ta tête de cochon, ça va bien cinq minutes… AU BLOC !!

- Tiens, voilà son cousin ! Dis donc, *Porc*, c'est plus vraiment de ton âge, ces histoires-là ?
- Il est temps qu'on leur remonte les côtelettes, à tous ces pourris ! C'est vrai, quoi ? En plus, je ne vois vraiment pas en quoi un fils de porc n'aurait pas le droit au respect… Si on ne veut plus qu'on ait des mômes, il faut qu'on le dise tout de

suite ! Nous revendiquons le droit à une paternité libre de tous soupçons ! Et si les islamistes ne sont pas contents, c'est pareil !
- Tu me la joues pas un peu à l'identité nationale, toi ? Remarque, en un sens, je te comprends. En attendant, AU BLOC !!

- Tiens, la ***Cochonne*** ! Pas mal, ce tailleur rose… C'est du Jean-Paul Gaultier ?
- Pôv'macho ! Nous revendiquons le droit à une sexualité libre, sans entrave ni tabou ! Les gens sont des hypocrites… Tout le monde sait que les cochonnes, ils adoooorent ! Et puis, t'imagines, sans les cochonneries, le nombre de gens qui seraient au chômage… Les journalistes, les cinéastes, les humoristes. P'tête même bien les poulets, tiens ! Mais dis donc… t'étais pas aux mœurs, toi, avant ?
- AU BLOC !!

- Et toi, ***Salade*** ! Décidément, c'est plus une liste de suspects, c'est carrément le menu du Campanile. Alors, ma grande ? Qu'est-ce que tu racontes ?
- Ben voyons… des salades ! On ne respecte même plus notre liberté d'expression ! On n'a même plus le droit de l'ouvrir ! À ce qu'il paraît, tout ce qu'on dit, c'est rien que des conneries… Donc, je n'en dirai pas plus…
- Comme tu veux… Remarque, t'es pas mal, en frisée ! Pour le reste, AU BLOC !!

- Et mes lardons, alors ? Qui c'est qui va s'en occuper ?

- Alors, *Patate*... t'as pas l'air de l'avoir ?
- Quand on vous fait passer pour une idiote, une gogol, voilà le résultat. En plus, vu que vos flics nous ont tabassés, elle est belle, tiens, ma robe des champs. C'était bien la peine que cet excellent monsieur Parmentier se donne tant de peine pour nous. Au moins, de son temps, on avait le sens des valeurs et le respect des honnêtes tubéreuses...
-Je vois, je vois... Antirépublicaine, en plus, avec dérive monarchiste... AU BLOC !!

- Ah ben manquait plus qu'elle ! La femme *Morue* !! Mais mettez-lui au moins un peignoir, bon dieu !
- J'te dessale, beau brun ? Tu sais, avec le temps, j'assume... À force, on sait nager. Il te plaît, mon string ?
- Une morue qui porte un string avec des motifs panthère ! Si c'est pas du brutal, ça ! AU BLOC !! Et dans une cellule individuelle !

- Hé ! Chicos, ton costard, *Maquereau* ! Les mocassins blancs, la cravate gris perle... Tu serais pas en train de t'acheter une conduite, des fois ?
- Bah... Vu ma réputation, il faut bien. Désormais, je me la fais aux petits oignons,

avec un petit filet de vin blanc. J'ai même ouvert une boîte, figurez-vous !

- Et la coupe de cheveux ?
- Le cousin ***Merlan***. Vous avez l'œil, commissaire. En tout cas, s'il y a une chose qu'on ne pourra pas nous reprocher, c'est notre apparence.
- En attendant, AU BLOC !!
- Une petite faveur, commissaire... On a l'esprit, comment dirais-je ? zoologiquement familial. Aussi, si ***Merlan*** et moi, on pouvait être dans la même cellule que...
- La femme ***Morue***, je suppose ? Hors de question !!
- Dans ce cas, je proteste contre ces conditions de détention inadmissibles. Je réclame un avocat !
- Maître ***Marron***, je suppose ? D'avance, c'est non !

En complément, monsieur le commissaire, je tiens à vous informer de la mise en garde à vue d'un sieur Navet, dans les locaux du commissariat de Cannes, suite à son arrestation pour exhibitionnisme au pied des marches du palais du festival, alors que, dans un appareil des plus succincts, il protestait contre la non-reconnaissance de son inestimable autant que lucrative contribution à l'industrie cinématographique.

***

- On peut dire qu'il n'avait pas la langue dans sa poche, cet inspecteur Magret !

- Un personnage singulier. Très obséquieux envers ses supérieurs, mais pour le moins arrogant avec les prévenus. Du genre qui aurait fini par nous valoir des bavures...

- Vous avez dit « aurait fini ». Dois-je comprendre qu'il ne fait plus partie de vos services ?

- En réalité, c'était un grand nerveux, qui cachait son instabilité derrière ses airs de bravache, et il a littéralement craqué, lors de ce même interrogatoire, lorsqu'une des séditieuses, *Vache*, lui a lancé : « Quand on crie mort aux vaches, inspecteur, cela devrait vous interpeller quelque part, non ? » Il n'a pas supporté et a démissionné sur-le-champ !

- Pour en revenir à cet interrogatoire, vous aurez sûrement noté que tous les mots en cause se rapportent à l'alimentaire...

- L'inspecteur lui-même en fait la remarque : « C'est le menu du Campanile. » Pour ma part, j'aimerais souligner qu'il y a là une profonde ingratitude, à ravaler au rang de l'ordurier ce qui nous nourrit. Et n'oublions pas que si nous mettons en bouche nos aliments, c'est de cette même bouche que sortent les mots. On comprend que certains d'entre eux en éprouvent, comment dirais-je ?

- Un sentiment de déclassement ?

- C'est un peu ça.

- Pourrait-on parler d'un malaise social au sein des mots ?

- La période que nous traversons n'est pas, vous le savez, spécialement propice à l'emploi et il y a des mots qui, pour conserver leur place au soleil lexical, même si pour l'heure elle reste enviable, n'hésitent pas à recourir à des procédés contestables. Je m'explique : dès que l'un d'entre eux décroche un *job*, et entre ainsi dans la vie active, il s'en trouve aussitôt un autre pour essayer de s'associer à lui, dans le but de s'approprier une partie de son salaire. C'est ce que j'appelle du racket pur et simple.

- *C'est-à-dire ?*

- Si je vous dis *Projet d'avenir*, vous me répondez quoi ?

- *Élémen... pardon, pléonasme*, cher commissaire.*

- Nous y voilà. C'est une plainte du jeune *Projet*, harcelé à la récré par son condisciple *Avenir*, qui a attiré notre attention. Comme ces agissements ne datent pas d'aujourd'hui, plus personne n'y trouve trop à redire.

- *De fait, nombre de personnalités de tous bords – culturelles, artistiques, médiatiques, politiques et autres – en font leurs choux gras.*

- Oui et ils en sont devenus les vrais commanditaires. Ce qui explique pourquoi une officine telle que l'agence « Pléonasmes » a pu prospérer en toute impunité, avant que mes services, alertés par des mots qui ne supportaient plus l'association qu'on leur imposait, n'aillent y voir de plus près et dénoncent le scandale...

- *Dont la presse n'a pas manqué de se faire l'écho. Excusez-moi, je farfouille dans mon dossier... Mais où est passée cette foutue coupure ? Ah ! La voilà...*

DRÔLES D'INTÉRIMS...

(De notre correspondant)

En portant plainte pour filature abusive, Georges Hasard (tenancier d'un bar-tabac PMU du XVe arrondissement) ne se doutait probablement pas qu'il allait déclencher un authentique scandale au sein du marché du travail.

Au commissariat, le plaignant affirme que, depuis une semaine, lors de chacun de ses déplacements, il est suivi par un individu qui, détail troublant, aurait adopté les mêmes vêtements que lui…

« Il me semble, précise-t-il, que jour après jour, ce type me colle au train ! Au point que, hier, vers trois heures du matin, alors qu'ayant satisfait un besoin naturel, je jetai un coup d'œil machinal par la fenêtre de la salle de séjour, je l'ai vu, vu comme je vous vois, monsieur le Divisionnaire, planté dehors, sous un réverbère à l'angle de la rue, les yeux braqués… vers moi. Mais qu'est-ce qu'il me veut, à la fin ? Je n'en peux plus d'être ainsi espionné ! »

Le divisionnaire Destin hausserait volontiers les épaules. Lui et son équipe ont bien d'autres chats à fouetter ! Mais il se trouve que ce Georges Hasard ne lui est pas tout à fait étranger, puisqu'il fréquente régulièrement son estaminet, le *Fortuit*, pour s'y adonner à sa passion du tiercé.

« Soit… On va lui tendre une souricière, à votre homme. Lundi prochain, je m'installe à votre terrasse, vous trouvez un prétexte quelconque pour sortir – par exemple aller chercher des baguettes pour vos sandwichs chez le boulanger du coin, et si je vois le type vous emboîter le pas, j'en fais mon affaire. Ne vous bilez pas, monsieur Hasard. En échange… vous n'auriez pas un tuyau, pour le Quinté de demain ? »

Lundi, treize heures : le divisionnaire Destin s'installe à la terrasse du *Fortuit*.

Treize heures deux : il commande un pâté-cornichons.

Treize heures trois : Georges Hasard constate qu'il est à court de baguettes.

Treize heures quatre : il se dirige vers la boulangerie *L'Épi d'or* d'un bon pas… sitôt emboîté par son « sosie ».

Treize heures six : le divisionnaire Destin met sous le nez de l'inconnu sa carte tricolore, et le prie d'en faire de même avec sa pièce d'identité.

Seize heures : l'interpellé, Raoul Imprévu, avoue qu'il travaille pour le compte d'une officine privée, l'agence Pléonasmes.

Un interrogatoire suivi d'une perquisition en règle permettra à l'équipe du divisionnaire Destin de découvrir un bien étrange fichier. Sous les dehors anodins d'une officine d'intérim, l'agence Pléonasmes employait en fait une équipe des plus fournies, dont chaque membre avait pour mission de pister un personnage précis. À chacun le sien : *Imprévu* pour *Hasard, Sonore* pour *Bip**, *Exclusif* pour *Apanage*, *Avenir* pour *Projet*, *Complet* pour *Panorama, D'avance* pour *Prévoir, Dehors* pour *Sortir, Universelle* pour *Panacée, Sélectif* pour *Tri, Intérieur* pour *Patio, Double* pour *Alternative, Gratuit* pour *Don* et bien d'autres.

Guy Redondance*, le patron de l'agence, protestera de sa bonne foi. Tous ses agents sont, à l'en croire, des chômeurs en fin de droit, « auxquels il fallait bien trouver une occupation pour leur permettre de repartir d'un bon pied »... Dans un premier temps, les syndicats soupçonnent, non sans raisons, une manœuvre permettant aux « fileurs » de se rendre indispensables aux yeux des « filés » et de leur extorquer une partie de leur salaire. Chantage à l'appui, si besoin est, du genre :

- Au fond, *Panorama*, tu as la vue courte. Crois-moi, tu aurais bien besoin d'un *Complet*.

- Je vais te dire, *Bip*, ton problème, c'est qu'à force, plus personne ne finira par t'entendre. Heureusement, on t'a trouvé *Sonore* qui va t'arranger ça...

Mais l'affaire prend toute son ampleur quand l'inspection du travail et le ministère des Finances s'en mêlent : Guy Redondance ment. Leurs services sont formels : loin d'être des chômeurs en fin de droit, ses recrues exercent un travail à plein temps, et croulent sous les propositions. *Sonore*, un prétendu bénéficiaire du RMI qui s'avère un authentique magnat de l'acoustique ; *Exclusif*, tellement exclusif que la presse à sensation, la grande distribution se l'arrachent ; *Dehors*, le chouchou des activités de plein air, mais aussi des huissiers, propriétaires et autres spécialistes de l'expulsion ; *Complet*, dont les liens étroits avec l'industrie de la confection, mais aussi les professionnels du transport, sont évidents...

Face à ce qui s'annonce comme un véritable scandale, Guy Redondance persiste et signe, affirmant qu'il n'a fait que répondre à une demande sans cesse plus grande : « De nos jours, plus moyen de vendre de *Démenti* sans *Cinglant*, de *Consensus* sans *Vaste*, de *Tollé* sans *Général*... Qu'est-ce que j'y peux, moi ? C'est le marché qui veut ça ! »

Autant dire que ce qu'on appelle déjà « le procès des pléonasmes » s'annonce des plus prometteurs...

***

- En somme, commissaire, on pourrait résumer par une formule : « Pléonasmes = cumulards ».

- Je crois que la CGT (Confédération Générale Textuelle) apprécierait beaucoup ! Ce que l'on peut retirer en conclusion de cette triste affaire, c'est que chaque mot cherche à se faire une place au soleil, et croyez-moi, ce n'est pas chose facile. Quelques-uns se retrouvent ainsi, insidieusement poussés vers la sortie. Marginalisés, en somme, alors que leur situation paraissait des plus solides. Si l'on se penche sur le monde des médias, on s'aperçoit que c'est à peine si *Oui* arrive encore à effectuer quelques petites missions d'intérim que lui laissent *Tout à fait*, *Complètement*, *Parfaitement*, *Certainement*, *Assurément*, *Exact* et *Affirmatif* (très en vogue dans la presse militaire).

- On pourrait en citer beaucoup d'autres… Mais à quoi sert alors l'inspection de l'usage lexical?

- Vous comprendrez aisément qu'elle est débordée. Nous aussi d'ailleurs, car nous sommes en butte aux agissements du redoutable « usage »… Dès leur entrée dans la vie, un bon nombre d'entre nous sont exposés à des confusions préjudiciables, et ont du mal à affirmer leur identité professionnelle. Parfois, il ne s'agit plus d'« usage », mais bien d'une authentique maladie de naissance. Ou plutôt de deux…

- Laissez-moi deviner… L'homonymie et l'homophonie ?

- Elles-mêmes et, une fois de plus, on ne peut que dénoncer les incohérences de mademoiselle Orthographe.

- *Comme si notre langue n'était pas assez compliquée !*

- Je ne vous le fais pas dire et à ce stade de complexité, vous ne serez pas surpris qu'au sein de nos services, nous ayons créé une brigade spécialisée, dirigée par l'émérite inspecteur Sens, le seul à pouvoir…

- …*En redonner un peu à tout ça !*

- Si vous le voulez bien, je vous invite à prendre connaissance de deux de ses rapports d'enquête. Ils sont assez édifiants…

De l'inspecteur Sens
Au commissaire Navarin
Dossier X 5741
Affaire Ballade

Le 12 de ce mois, alors que je me rends au bureau, je me vois remettre un tract libellé « Non à l'homophonie ». Cette *homophonie* figurant sur une liste de suspects impliqués dans différentes affaires, je m'enquiers de l'identité du distributeur de tracts. Il s'agit de monsieur *Ballade*. Volubile malgré ma carte de police exhibée courtoisement, mais fermement, il me précise qu'il est artiste lyrique, et qu'il en a assez que des béotiens se faisant passer pour des imprésarios l'envoient

sans cesse se faire *balader*. « Alors que le fléau homophonique se promène en toute quiétude à travers les rues, inspecteur ! » Et de me raconter l'arrestation incompréhensible d'un de ses vieux amis, monsieur *Satire*, un artiste, qui donne dans le pamphlet, pour cause d'attentat aux mœurs !
Toute modestie mise à part, ma longue expérience m'a appris à ne négliger aucune piste, y compris celle que semble m'ouvrir un artiste quelque peu excentrique, et pour tout dire, accusant son âge. Aussi, à l'heure du déjeuner, je décide de me rendre sur les lieux de l'arrestation de monsieur *Satire*. J'y sympathise, tant il est vrai que quand on s'appelle Sens, on n'est pas sourd à l'appel des sens, avec une charmante mademoiselle *Pause* qui déguste un sandwich thon-mayonnaise pour sa pause-déjeuner. Cette habituée des lieux me confie que l'interpellation de monsieur *Satire* a provoqué, à la table voisine, les ricanements d'un sieur *Satyr*e (là, je crois que je commence à comprendre) vêtu en tout et pour tout d'un imperméable douteux, et « de sa blondasse de copine, la *Pose*, mais je sais de quoi elle est capable, cette traînée exhibitionniste (sic), depuis le temps qu'elle se fait passer pour moi afin de me piquer mes mecs (cette fois, je crois que j'ai tout compris).

D'ailleurs… regardez… C'est elle ! »
De fait, ladite *Pose*, installée à la terrasse non loin de nous, s'exhibe lascivement avant de se lever, non sans avoir jeté un regard narquois à mademoiselle *Pause*, qui, tempérament oblige, prend les choses avec décontraction, et de prendre place à bord d'un coupé de marque italienne dont je ne manque pas de relever le numéro, afin de demander ultérieurement aux services du fisc de mener une enquête sur les revenus de sa propriétaire, sait-on jamais ?
Je décide de la prendre en filature, non sans avoir pris congé de l'agréable mademoiselle *Pause*, qui me fait remarquer que j'ai mauvaise mine et qu'un peu de repos me ferait du bien.
J'emprunte un taxi dans des conditions mouvementées, entre bouchons et travaux estivaux, avec deux autres passagers, dont l'un, monsieur *Cahot*, tente de minimiser la gravité de la situation, alors que l'autre s'exclame que l'on va droit au *chaos*. Comble de malchance, je dois poursuivre mon chemin à pied car le véhicule, travaux obligent, a basculé dans une fosse, ce qui a provoqué une vive algarade (pour employer un euphémisme) entre monsieur *Septique*, chef de chantier, et monsieur *Sceptique*, inspecteur des Ponts et chaussées.

J'ai néanmoins fini par dénicher l'abominable *Satire* (et la non moins abominable *Pose*) dans un squat - non sans avoir dû payer un *tribut* à la *tribu* résidente -, et l'ai fait conduire au poste, comme exhibitionniste notoire connu des services de police.

signé : inspecteur Sens

***

- Comment s'est terminée cette affaire ? Je suppose que l'infortuné Satire *a été blanchi de tout soupçon ?*

- Oui, mais les avocats de *Satyre* ont obtenu sa mise en liberté, arguant de ses origines carrément mythologiques, excusez du peu ! À certaines conditions, toutefois : il doit se tenir éloigné des sorties d'écoles et des allées des bois où les jeunes femmes aiment faire du jogging. Quant à savoir s'il respectera ces engagements... Déjà qu'il ne veut pas qu'on mette de bracelet à ses cornes !

- Il n'empêche... Satyre *et* satire. *Juste une lettre qui change, et voilà le travail !*

- Mademoiselle Orthographe était un rien snobinarde et elle trouvait que le *y*, ça faisait plus chic.

- Voilà, donc, pour les homophones. Et les homonymes ?

- Lisez plutôt ce second rapport...

De l'inspecteur Sens
Au commissaire Navarin
Dossier X 7908
Affaire Portions

Comme vous me l'aviez demandé, j'ai repris l'enquête concernant la découverte d'une valise, repêchée dans les eaux du canal Saint-Martin, et renfermant un cadavre découpé en morceaux, identifié selon le service médico-légal comme celui d'un certain *Portions*.
Les investigations précédentes étant restées infructueuses, j'ai décidé de mener les miennes en prenant en compte ce que j'appellerai le facteur contextuel. Les témoignages des voisins, selon lesquels, entre autres, la victime, *Portions*, se partageait entre les domiciles de ses nombreuses concubines, mais qu'il n'hésitait pas à se mettre en quatre aux profits des associations bénévoles du quartier, ne mènent pas à grand-chose… En revanche, je souligne que certains commentaires sur « tous ces *homos* qui ont investi le quartier » - il est vrai que dans quelques jours débutera la grande *Homo* Pride, dont le cortège doit passer tout près du lieu du meurtre - m'ont laissé perplexe…
Le lendemain, j'ai reçu un coup… de fil des frères *Fils*, deux jumeaux

ayant pignon sur rue depuis plusieurs générations dans le quartier du Sentier, qui m'ont confié, le souffle court, d'une voix hachée par l'émotion, que leur vie ne tenait plus qu'à un *fil*. Tout juste s'ils ont eu le temps de me préciser d'où ils appelaient avant que la communication ne soit coupée.
Hélas, quand je suis arrivé sur les lieux, ce fut pour découvrir leurs cadavres, le visage violacé, étranglés - horrible ironie du sort - par le *fil* du combiné. Sur leur veston, un tract : « Les hétéros ne passeront pas ! »

Voilà un double meurtre qui avait de quoi laisser perplexe. Quel mobile, au juste ? Une question qui, d'ailleurs, se pose également à propos de l'assassinat de *Portions*… Et ce message, « Les hétéros ne passeront pas ? »
Qu'est-ce que les hétéros venaient faire dans tout ça ?
Mais, toute modestie mise à part, quand on s'appelle *Sens*, même si on peut se trouver momentanément égaré, on finit toujours par retrouver le bon. Je veux dire, le bon sens, dont mon instructeur à l'école de Police, l'inspecteur Descartes, ne manquait pas de souligner qu'il était la

chose la mieux partagée au monde… De sorte qu'au quatrième cachet d'aspirine, avec un doigt de J & B pour faire passer, j'ai entrevu, à défaut du chemin de Damas, le début d'une piste. Hétéro et Homo Pride. Hétéro… homo. Et si là était la clé du mystère ?
Et puis, les frères *Fils* affirmant que leur vie ne tenait plus qu'à un *fil*, et dûment étranglés par un *fil*… Ironie du sort… ou raffinement de sadisme lexico-orthographique ?

Cette édition de l'Homo Pride, à laquelle j'ai décidé de me rendre, a déployé ses fastes dans un contexte tourmenté. Les vendeurs de journaux et distributeurs de tracts émanant des différentes organisations participant à la manifestation se jetaient des regards noirs, tandis qu'au sein même du défilé, on se faisait des bras d'honneur entre chars !
En fait, j'ai constaté que ce défilé, prétendument unitaire, cachait bien des dissensions. J'ai ainsi observé un noyau dur, celui des Homonymes Homographes, les purs et durs, où *Noyer* (l'arbre) et *Noyer* (le verbe), *Cousin* (l'insecte) et *Cousin* (le parent) s'enlaçaient tendrement ; mais des dissidents sont venus

troubler la fête : les Homonymes Homographes Hétérophones, donnant bien haut de la voix pour affirmer leur différence : « Les poules du *couvent* ne *couvent* pas pour n'importe qui » ; mais aussi les Homophones Hétérographes qui, quant à eux, ont choisi de garder le silence (et pour cause) et de ne s'exprimer que par banderoles : « Je ne suis pas *chaud* pour la *chaux* », « En *Grèce*, on ne se fait pas que de la *graisse*… »
C'est alors que j'ai compris…
« Les Hétéros ne passeront pas ». Hétérographes, hétérophones. D'où l'arrestation et la mise en garde à vue, dans les heures qui ont suivi, des frères *Fils* - de famille, ceux-là, et tant pis pour leurs poses au naturel sur leur char -, mais aussi celle du sieur *Portions*, un membre - un rien passéiste, il est vrai - de la famille « Porter », qui s'était trahi en beuglant, du haut du char des Homonymes Homographes Hétérophones : « Ce n'est pas parce que nous *portions* que nous allons vous apporter des *portions*. »

signé : inspecteur Sens

***

- Là, commissaire, il me semble encore que quelques explications ne seraient pas superflues.

- Il est vrai que l'excellent inspecteur Sens a parfois un peu trop tendance à faire dans l'intuitif, voire l'inné. Donc, pour nous résumer : *noyer* et *noyer*, *cousin* et *cousin* sont des homonymes, des vrais de vrais, qui s'écrivent et se prononcent de la même façon, tandis que *fils* et *fils*, ainsi que *portions* et *portions*, sont des homographes hétérophones qui s'écrivent mais ne se prononcent pas de la même façon ; à l'inverse de *chaux* et *chaud* ou *Grèce* et *graisse*, homophones *hétéro*graphes, qui se prononcent mais ne s'écrivent pas de la même façon.

- D'où cette rivalité entre homos et hétéros... Mais je me pose tout de même une question : Comment expliquez-vous dans ces conditions que l'inspecteur Sens intervienne aussi tardivement ? C'est dès la clinique du larynx qu'il aurait dû agir !

- Il faisait bien partie du comité de direction. Mais, très rapidement, de graves dissensions sont apparues entre lui et d'autres membres. Il prônait une identification spécifique pour chaque mot, afin qu'aucune confusion ne soit possible. Mais les autres, Genre, Nombre et encore et toujours Orthographe, lui opposaient le manque de moyens mis à leur disposition.

- Il est évident qu'avec seulement 26 lettres, pour plusieurs dizaines de milliers de mots...

- Et encore, imaginez ce que ça pouvait être, quand on ne disposait que d'hiéroglyphes !

- On en revient toujours au même constat. Difficile, pour un mot, de se faire sa place au soleil.

- D'aucuns s'imaginent que nous avons une vie de rentiers, bien à l'abri dans nos résidences lexicales, dorlotés par de dévoués académiciens. Ce n'est pas à vous que j'apprendrai que notre quotidien est bien différent !

- Peut-être parce que, et nos entretiens le confirment, il existe une hiérarchie chez les mots.

- Je parlerais plutôt de chronologie. Au commencement, il y a eu les noms, puis les articles et les verbes. Un trio de base, inséparable, sous peine de voir chacun de ses membres perdre à peu près toute autonomie. Mais, au fur et à mesure qu'ils prenaient de l'assurance, il a fallu leur prévoir des assistants.

- D'où les adverbes, les prépositions, les pronoms…

- Chaque espèce a dû se spécialiser, comme toute espèce vivante. Les noms se sont faits propres ou communs, les verbes transitifs, intransitifs ou pronominaux, les articles définis ou indéfinis, les pronoms personnels ou relatifs, tandis que les adverbes et les prépositions jonglaient avec l'espace et le temps. Bien entendu, cette diversification ne s'est pas faite sans problèmes. Il y avait de quoi faire perdre leur latin – pardon, leur français -, à nos chers enseignants.

- Et n'oublions pas les adjectifs !

- Je les gardais pour la fin. Ils ont été les premiers à permettre aux noms d'affirmer leur identité. Si vous vous contentez d'être un *homme*, c'est toujours ça de pris, mais si vous êtes un *homme riche*, un *vieil homme*, un *bel homme*, un *homme pauvre*, on sent déjà mieux à qui on a à faire. Même si l'adjectif qui vous est associé n'est pas toujours des plus flatteurs !

- *Les déterminants et les déterminés… Une concurrence féroce ?*

- Bien sûr et certains ont même créé leur propre entreprise, en jouant sur les deux tableaux. *Riche* est devenu *le riche* ; *pauvre*, *le pauvre* ; *sale*, *le sale* ; *beau*, *le beau*, pour n'en citer que quelques-uns. Une sorte de promotion. Avec, il est vrai, des fortunes diverses.

- *Que voulez-vous dire ?*

- Je pense que la place de l'adjectif par rapport au déterminé auquel il se trouve associé peut avoir des conséquences parfois dramatiques. Lisez plutôt…

Words télécom sur la sellette

(De notre correspondant)

Un groupe d'enquêteurs mandaté conjointement par le ministère du Travail et le ministère de l'Intérieur s'est rendu récemment dans les locaux de Words Télécom. Leur rapport accable les pratiques managériales de l'entreprise, déjà épinglée à plusieurs reprises pour ses pratiques douteuses...

Tout commence lorsque Thibault Bernard, membre de la très puissante CGA (Confédération Générale des Adjectifs), et siégeant au comité d'entreprise de Words Télécom, alerte les autorités après la tentative de suicide de l'un de ses salariés, monsieur *Brave*.

« En fait, explique le syndicaliste, nous travaillons en tandem. Ainsi, *Brave*, jusqu'à il y a peu, faisait partie du binôme *brave homme*, en charge des relations publiques. Normal, vu la confiance qu'ils inspiraient à leurs interlocuteurs. Mais, du jour au lendemain, on a décidé d'accroître leurs responsabilités (économie de personnel oblige) et d'assurer en parallèle un autre binôme, *homme brave*, préposé à la sécurité de l'entreprise. Des vigiles, en somme. *Brave* ne l'a pas supporté. Entre conciliation et courtoisie d'une part, et matraque et berger allemand d'autre part, il ne savait plus qui il était. Le médecin du travail, consulté, a même parlé de schizophrénie ; mais bien entendu, la direction n'a rien voulu savoir ! Voilà pourquoi il est temps que les pouvoirs publics se saisissent de l'affaire. Faute de quoi, les camarades adjectifs militants n'écartent pas l'idée d'une grève générale, éventuellement reconductible. Nous avons d'ailleurs déjà pris des contacts en ce sens avec nos partenaires de SUD Épithète* et de FORCE Attribut*. »

Dans un contexte social déjà explosif, la menace de cette grève des adjectifs risque d'être la goutte de déterminant qui fera déborder les déterminés. D'où la mission envoyée sur les lieux. Son rapport n'a pas encore été rendu public, mais, selon des sources bien informées, ses conclusions seraient accablantes...

Ainsi, au sein des collaborateurs du bulletin de liaison interne, on contraint des *nouvelles certaines* à occuper aussi le poste de *certaines nouvelles* (ce qui, au niveau déontologique, n'est pas du tout la même chose), de *sacrés textes* à devenir des *textes sacrés*. Une dérive fondamentaliste ? Si l'on considère que Words and Co a été racheté par une multinationale américaine, l'hypothèse n'est pas à exclure, mais on a contraint aussi des *hommes curieux* à se transformer en *curieux hommes*. Voilà qui n'arrange évidemment pas leur cas ! Dans le même temps, les *sales mecs* de la direction deviennent des *mecs sales*, d'où des empoignades homériques lors des réunions patronat-syndicats, notamment lorsqu'on aborde les problèmes d'hygiène dans les locaux. Tandis que l'alternance entre un *certain temps* et un *temps certain* sème l'anarchie au sein du service du planning.

« Vous comprenez, confie sous couvert de l'anonymat un des salariés de l'entreprise, à force de changer sans cesse de place, on va finir par devenir fous... »

Sans plus attendre, le pugnace Thibault Bernard enfonce le clou. « Il est temps que l'on prenne conscience du rôle que nous jouons dans la vie économique du pays des mots. Car qu'est-ce qu'un mot sans adjectif ? Un être incolore, inodore et sans saveur ! Un citoyen de seconde zone ! Un quasi-SDF *(Sans Déterminant Fixe)* ! Nous entendons bien trouver la place qui est la nôtre, et ne laisser personne d'autre en décider. Nous ne voulons plus être des pions que l'on déplace à sa guise. Oui aux *femmes bonnes* ! Non aux *bonnes femmes* ! »

- On pourrait aussi évoquer les mots qui n'ont tout simplement pas trouvé de place…

- Je pense même à ceux qui, en toute logique, auraient dû exister ou qui souhaiteraient exister. Vous pouvez d'ailleurs, si vous le souhaitez, consulter en annexe la longue liste des mots qui ont fait une demande d'homologation et qui, malheureusement pour eux, ont tous été refusés. Avez-vous déjà entendu parler de la SPMA, la Société Protectrice des Mots Animaux ? Elle vient de saisir nos services à propos d'une « scandaleuse affaire de discrimination sexuelle », pour reprendre ses propres termes.

- Nous avons déjà évoqué les dérives du genre…

- Oui, mais là, c'est beaucoup plus grave ! Il se trouve que des mots animaux se sont retrouvés privés de partenaires sexuels. Ainsi, la SPMA nous a envoyé madame *Panthère*. Fort séduisante, avec sa minirobe tachetée. Cultivée, de surcroît. Incollable sur les peintres fauves ! Mais très perturbée par l'absence d'un monsieur *Panthère*…

- Je commence à comprendre ! Il y a une *panthère, mais pas* un *panthère.*

- Cette madame *Panthère* était à la tête d'une imposante délégation où l'on retrouvait mesdames *Hyène, Belette, Loutre, Gazelle, Antilope, Hirondelle, Mésange, Libellule, Mygale, Limace*, pour n'en citer que quelques-unes. Au point que l'un de mes adjoints soupirait : « Ce n'est plus un commissariat, mais un vrai zoo. »

- J'imagine le bazar !

- À qui le dites-vous ! Et pourtant, on a eu de la veine. Au dernier moment, l'invitée d'honneur de la délégation, madame *Baleine*, a déclaré forfait. En cas de grabuge, on aurait toujours pu la mettre au trou, mais vu ses dimensions… Nous n'étions pas au bout de nos peines, puisque le lendemain nous avons reçu la visite d'un groupe masculin sous la houlette de monsieur *Chacal*, accompagné de messieurs *Lynx, Guépard, Jaguar, Puma, Faucon, Épervier, Crabe*, et j'en passe… L'adjoint déjà mentionné maugréait : « Là, c'est carrément l'arche de Noé ! » En somme, après « Rendez-nous nos maris », c'était « Rendez-nous nos épouses ».

- Sauf qu'à bord de l'arche le Père Noé n'embarquait que d'authentiques couples…

- Ce n'était pas le cas de nos visiteurs. Ils avaient raison de crier à la discrimination, et ils n'ont pas manqué de nous le faire remarquer ; il existe, comme vous le savez, un monsieur *Tigre* et une madame *Tigresse,* un monsieur *Lion* et une madame *Lionne*, un monsieur *Chat* et une madame *Chatte*, un monsieur *Ours* et une madame *Ourse*, un monsieur *Chien* et une madame *Chienne*…

-Arrêtez-moi si je dis une bêtise, mais il me semble qu'au royaume des mots animaux, ceux que vous venez de citer constituent une exception. On le constate en consultant votre registre d'état civil, en l'occurrence le dictionnaire.

- Tout juste ! Du coup, nous avons cherché à en savoir plus, grâce au BAD (Bureau des Animaux Disparus) créé pour l'occasion et que j'ai chargé de mener l'enquête. Leur conclusion : cet état de fait remonte à des temps fort anciens. Il faut y voir la main d'une secte qui avait réussi à s'infiltrer à la clinique du Larynx : les « épicènes* »… Un groupe de zoologues frappés de démence, décidés à éradiquer l'un des deux sexes. Une fois encore, on constate que le docteur Genre a fait preuve de négligence et de complaisance. Un personnage qui, à force de définir, a fini par devenir indéfinissable…

- *Mais j'imagine que cela n'a pas empêché tous ces unisexes de vivre quand même heureux… et d'avoir beaucoup d'enfants !*

- Oui et tout est bien qui finit bien, comme on dit dans les contes pour enfants.

- *Mais revenons aux associations entre mots. Pour rester dans le registre affectif, il existe de drôles d'unions qui ont parfois donné des résultats singuliers…*

- J'ai justement là un rapport d'enquête qui ne manquera pas de vous intéresser…

(Commissariat du XVIIIe,
le 5 avril 2010, 9 h 30)

- Elle s'est présentée spontanément, sur le coup de 6 heures. Elle nous a affirmé qu'elle en avait marre qu'on lui pique son vélo…
- Franchement, Tajine, vous croyez qu'on n'a que ça à faire ?
- C'est-à-dire que… impossible de la faire partir ! Cela fait bien trois heures qu'elle est là. Indéboulonnable ! Remarquez, elle ne fait pas de scandale. Vêtements corrects, bien propre sur elle, pas l'air d'une pocharde ni d'une camée… Mais du genre têtue. Elle ne sortira pas d'ici sans avoir vu le commissaire !
- Pfff… Bon, soit. Je vais la recevoir.

- Donc, mademoiselle ?
- ***Confiture***, commissaire Navarin…
- Ce qui vous amène ici, c'est le vol de votre vélo. Je ne vous cacherai pas que nos services sont très occupés. Pourquoi ne pas vous être contentée d'une simple déclaration de vol ?
- Mais ce n'est pas la première fois que cela arrive, commissaire ! Chaque fois que j'achète un vélo, on me le vole. Pourtant, je prends toutes mes précautions. Je mets un antivol de moto, je le range dans ma cave, mais rien à faire !
- Bizarre, en effet. Et… vous soupçonnez quelqu'un en particulier ?

- C'est carrément du harcèlement. Excusez-moi... Vous n'auriez pas un Kleenex*... L'émotion, vous comprenez, je suis à bout. Je le connais, le coupable. ***Tête***, qu'il s'appelle. Il va finir par me rendre folle !
- Attendez... Je crois que je commence à comprendre. Un petit vélo dans la ***tête***, c'est ça ?
- Parfaitement, commissaire ! Et s'il n'y avait que cela... Depuis que, pour des raisons matérielles, j'ai dû m'installer dans ce foyer d'accueil, ma vie est devenue un enfer ! Pour une ***confiture***, je peux dire que je manque vraiment de pot !
- Je vous fais apporter un café ?
- Non merci, vous êtes gentil, mais j'en suis déjà à quatre, alors...
- Vous avez consulté votre médecin, j'imagine ?
- Parlons-en, tiens ! Tout juste bon à prendre ma ***vessie*** pour une ***lanterne***. Pas mieux que mon vétérinaire. Chaque fois que je lui amène mon ***chat***, il examine ma ***gorge*** et me prescrit des sirops contre la toux. Franchement, c'est pas une vie.
- Vous m'avez dit que vos ennuis avaient commencé lorsque vous vous êtes installée dans un foyer d'accueil, c'est bien cela ?
- Oui, commissaire, le foyer ***Au bas mot***.
- Eh bien, mademoiselle ***Confiture***, je crois que je vais envoyer un de mes hommes y faire un petit tour...

(Même lieu, même date, 14 h 30)

- Alors, Tajine, ça s'est passé comment, cette descente ***Au bas mot*** ?
- Ah, là, là, chef ! Vous parlez d'une crémerie ! Dès que j'ai sorti ma carte de la maison, ils nous sont tous tombés dessus ! Deux sœurs, ***Jambes***, affirmant que le foyer est tellement insalubre qu'elles sont sans cesse agressées par des ***fourmis*** ; une mademoiselle ***Oreille*** qui, pour des raisons identiques, n'en peut plus d'être submergée par les ***puces***. Sans oublier un quidam nommé ***Estomac*** qui en a assez d'être piétiné par les frères ***Talon*** chaque fois qu'il descend l'escalier pour se rendre au réfectoire…
- Mais ce réfectoire, justement, vous y êtes allé ?
- Bien sûr, chef. Et là non plus, c'était pas triste ! Mademoiselle ***Soupe*** qui ne supporte plus le voisinage de mademoiselle ***Grimace***, une vieille fille acariâtre ; monsieur ***Pied*** et monsieur ***Plat*** en conflit pour cause d'ingérence territoriale réciproque ; sans oublier notre amie mademoiselle ***Confiture***, qui ne veut plus être livrée en pâture aux frères ***Cochon***, une bande de débauchés pas propres sur eux…
- Pourtant, ce foyer avait jusqu'alors plutôt bonne réputation ? Je n'en dirais pas autant de tous les foyers d'accueil

et c'est la première fois qu'il attire l'attention de nos services.

- En fait, chef, on se demande si cela n'est pas dû au changement de direction...

- Et comment s'appelle l'actuel gérant ?

- Monsieur ***Sac***, mais d'après le réceptionniste, il est rarement présent. Concrètement, ce sont surtout les frères ***Nœuds***, qui gèrent.

- Sac de nœuds... Voyez-vous ça, Tajine ! Tant qu'à faire, ce ne serait pas mal d'avoir une conversation avec les comptables. Histoire de savoir où passe le budget entretien, vu l'état de la baraque...

***

- Comment s'est terminée cette affaire ?

- Les comptables de l'établissement ont été convoqués au commissariat. Leur confrontation a révélé qu'il y avait de l'eau dans le gaz entre messieurs *Chèque* et *Bois*, au point de causer bien des tracas aux scrupuleux messieurs *Rubis* et *Ongle*. Toujours l'un sur l'autre, ces deux là, disait-on dans leur entourage.

- Il faut dire, qu'avec un foyer intitulé Au bas mot...

- C'était plutôt mal parti et ce n'était pas le genre d'endroit où des mots peuvent s'attendre à être bien traités !

- Sans vouloir remuer le couteau dans la plaie, y a-t-il d'après vous d'autres mots prêts à tout pour réussir ?

- Il y en a qui n'ont aucune autonomie et qui, pour exister ont impérativement besoin d'être associés à un autre.

- *Une sorte de relation symbiotique, en somme !*

- Exactement ! Ils ont été créés pour que quelques mots puissent diversifier leur activité : les préfixes* et les suffixes*, et je serais bien le dernier à nier les innombrables services qu'ils nous rendent. Mais, dernièrement, des suffixes se sont trouvés impliqués dans une affaire grave... Bien entendu, vous êtes au courant de la vague d'attentats qui, le mois dernier, a perturbé le repos estival des touristes séjournant sur l'île de Beauté ?

- *C'est vous qui avez mené l'enquête ?*

- Il y a des obligations auxquelles on ne peut se dérober. D'autant que, très vite, j'ai eu l'impression que j'étais particulièrement visé. Tous les endroits où je comptais me rendre : biblio*thèque*, ludo*thèque*, cinéma*thèque*, disco*thèque* étaient plastiqués peu avant mon arrivée. La police locale m'avouait son impuissance, faute de ressources bureau*tiques* et informa*tiques*. J'ajouterai que les pano*ramas* de l'île de beauté étaient inaccessibles pour cause de dynamitage systématique des routes y donnant accès... Même la vidéo*thèque* d'Ajaccio est partie en fumée !

- *Vous avez dû l'avoir mauvaise !*

- Je craignais surtout que tout cela ne dégénère. J'ai vite remarqué, comme vous, sans doute, que tous les endroits visés étaient porteurs d'un *suffixe*. J'ai réussi à rencontrer le parrain de l'organisation qui m'a révélé que « la famille » était déchirée par un conflit des générations, entre les anciens, les « thèques », et les jeunes aux dents longues, les « tiques ». Aux adeptes de la tradition (bibliothèque, cinémathèque, photothèque, discothèque) s'opposaient les partisans de la modernité (informatique, bureautique, robotique). À l'hostilité verbale avait succédé ce qu'il faut bien appeler une guerre ouverte.

- *Et le continent n'est pas à l'abri de la contagion, puisque la mafia des suffixes y est tout aussi solidement implantée...*

- Oui, mais je crois que les choses vont plus loin qu'un simple règlement de comptes entre factions rivales. Des témoins m'ont confirmé qu'à proximité des scènes du crime, peu de temps avant l'attentat, on retrouvait toujours le même individu : *Espace* qui, et ceci n'est pas une coïncidence, rachetait systématiquement les lieux détruits. Faits troublants : une bibliothèque devenue *espace livre*, une discothèque devenue *espace musique*, une bureautique devenue *espace bureau*, un rayon de cosmétique devenu *espace beauté...*

- *De là à se demander si cet* Espace *ne serait pas le véritable instigateur de la guerre qui décime la mafia des suffixes ?*

- Il n'y a en effet qu'un pas, et mes services sont sur le coup. Mais cet arriviste semble bénéficier de puissantes protections, à en juger par ses affaires toujours plus envahissantes.

- *En somme, faute de conquête de l'espace, la conquête par l'espace. Ceci étant, au risque de sauter du coq à l'âne, votre allusion à l' « île de Beauté » m'a rappelé quelque chose...*

- Je sens que vous allez me demander des nouvelles du cousin *Cliché**. Ça ne se passe pas très bien pour lui. Une sombre histoire de famille… Et nous avons été alertés par l'un de mes inspecteurs… sur des faits inquiétants.

Monsieur le commissaire,

Par la présente, j'ai bien l'honneur de vous informer avoir reçu, ce jour, en nos locaux, une plainte émanant d'un certain Nestor ***Stéréotype****, domicilié rue Daguerre, dans le XIVe arrondissement. Le plaignant exerce la profession de « photographe artistique » (selon ses propres termes), et dirige une agence de jouvencelles qui posent pour différents périodiques spécialisés dans les froufrous et autres falbalas. Il affirme qu'on lui a dérobé, probablement dans la nuit du 7 au 8 février, un négatif sur lequel figuraient deux de ses taupes modèles (j'ai l'humilité, monsieur le commissaire, de reconnaître que mon orthographe n'est peut-être pas des plus exactes), à savoir les sieurs ***Concubinage*** et ***Notoire***. Aux dires du plaignant, ce vol est une véritable catastrophe, car il s'agissait d'une pièce maîtresse de l'exposition « Grandeur et misère des lieux communs », qu'il comptait organiser prochainement à la galerie

Polaroid, sise dans l'île Saint-Louis. Dûment interrogé par mes soins sur les éventuels mobiles du larcin, le sieur *Stéréotype* m'a paru quelque peu flou. Il a évoqué l'hypothèse d'un mari jaloux, tout en se demandant s'il ne fallait pas y voir l'œuvre d'un certain *Proxénète*, qui travailla quelque temps pour lui, à l'époque où, justement, la femme *Notoire* s'occupait des piges des donzelles stipendiées par l'agence. Le plaignant constata alors quelques inexactitudes dans ses livres de comptes, et se demanda si la susnommée *Notoire* n'en était pas responsable, avec la complicité du sieur *Proxénète*...
J'ai assuré le plaignant que nos services allaient diligenter une enquête en bonne et due forme. Car j'ai bien l'honneur, et si je peux me le permettre, monsieur le commissaire, qu'il y a quelque chose de louche dans cette histoire. En compagnie du brigadier Lampernisse, je me suis donc transféré au siège de l'agence de donzelles « Stéréotype », sise avenue Franklin-Roosevelt. Dans un souci de discrétion tactique dont je ne suis pas peu fier, toute modestie mise à part, monsieur le commissaire, cette investigation s'est déroulée alors que le propriétaire des lieux était absent. Le brigadier Lampernisse et moi-même y avons appris que les suspects

Concubinage et ***Notoire*** n'y travaillent plus depuis quelque temps. Il en va de même du sieur ***Proxénète***, qui, selon les femmes ***Identité*** et ***Nationale***, deux des créatures rémunérées par l'officine, se serait converti dans des transactions commerciales en provenance de Bulgarie. C'est ma foi à juste titre que le brigadier Lampernisse, auquel je crois pouvoir prédire, sauf votre respect, monsieur le commissaire, un bel avenir, me fait remarquer que cette officine « fait dans le rupin » (pour reprendre ses propres termes). Lampernisse, qui, contrairement à moi, ne lit pas les périodiques uniquement quand il va chez le coiffeur, note qu'entre ***Calme*** et ***Olympien***, ***Signal*** et ***Fort***, ***Majorité*** et ***Silencieuse***, ***Projet*** et ***Avenir***, l'air fleure bon, chez « Stéréotype », la philosophie mélangée de politique, voire de prospective…
Et là, toute modestie une nouvelle fois mise à part, sauf votre respect, monsieur le commissaire, j'ai une intuition : ***Concubinage***, ***Notoire*** et ***Proxénète*** faisaient quelque peu désordre dans ce « castingue plutôt chicosse » (là encore, j'ai bien l'honneur et l'avantage de m'excuser pour cette transcription approximative des termes du brigadier Lampernisse). Je vous informe donc par la présente, monsieur le commissaire, que je me suis présenté ce jour à la

galerie « Polaroid », où devait se tenir l'exposition sur les lieux communs. Vous trouverez ci-après une transcription fidèle des propos de son propriétaire.

- Un ringard, ce stéréotype. Déjà, avec un blaze pareil… Il se paye sa frime, mais ça vend plus du tout. Ses trucs, ça plaît plus aux vieux schnoks genre politicards sur le retour ou astrologues ménopausées. Les jeunes, ils préfèrent le vécu, les trucs directs, genre qui prend aux tripes !! D'ailleurs, entre nous, on trouve mieux.

Je m'enquiers, résolument mais courtoisement, de l'endroit où l'on peut trouver mieux. Le singulier sieur Polaroid, après quelques hésitations dûment balayées après que je lui ai demandé de produire sa carte de séjour (tant il est vrai que voilà un patronyme - Polaroid - bien peu gaulois), nous glisse une adresse. J'ai bien l'honneur et l'avantage, monsieur le commissaire, de vous annoncer que mes services et moi-même avons retrouvé les ci-devant ***Concubinage*** et ***Notoire***, séquestrés dans des locaux insalubres sis au 30 rue George-Eastman, à La Courneuve.

Dûment saisi et menotté par mes hommes, le propriétaire de l'immonde officine, un certain sieur ***Cliché***, est promptement passé aux aveux…

Je ne vous cacherai pas, monsieur le commissaire, mon émotion, quand nous avons dû évacuer dans le véhicule dûment préposé à cette fin une horde famélique que l'abominable ***Cliché*** exploitait aux fins les plus honteuses, contraints à vivre dans la plus scandaleuse promiscuité, celle qui attise la convoitise des charognards qui se délectent de la misère du monde. Sauf votre respect, monsieur le commissaire, et malgré quarante ans de services dont j'espère qu'ils furent bons et loyaux, une larme me monte, quand je revois ***Longue*** et ***Maladie***, ***Chute*** et ***Mauvaise***, ***Accident*** et ***Stupide*** dûment menottés, en route vers quelque funeste destin...

***

- Édifiant, en effet. Puis, un jour, certains mots tirent leur révérence...

- Je dirais plutôt qu'ils s'étiolent, faute de trouver un employeur. Notez qu'ils sont toujours inscrits à l'état civil. Et, comme c'est la rareté qui fait le prix, moins on les utilise, plus on les remarque.

- Il est vrai que si vous sortez vêtu d'une redingote ou d'une chemise à jabot, et coiffé d'un haut-de-forme, vous avez plus de chances de vous faire remarquer qu'en jean et débardeur !

- C'est cela même. Par exemple, si vous dites à quelqu'un : « Tu me racontes des conneries », votre interlocuteur se dira : « Bof ! Une de plus, une de moins, j'ai l'habitude. » En revanche, si vous optez pour : « Tu me narres des billevesées », il va commencer à se poser des questions. À moins, bien sûr, d'être du genre à ne surtout pas chercher à comprendre !

- Ça ne vous tenterait pas, par hasard, de devenir conseiller en communication interne auprès du futur entraîneur des Bleus ? J'imagine bien un « Va te faire pénétrer par le fondement, rejeton de péripatéticienne ! »

- Je ne sais pas si le message passerait ! Pour en revenir à notre sujet, on constate qu'en dehors de quelques apparitions très *glamour*, certes, mais fort épisodiques, ces mots végètent et, à court de ressources, vivent dans une inquiétante précarité. Un peu comme ces vieux acteurs qui ont connu leur heure de gloire, et dont les très rares apparitions en public ne sauraient faire oublier le dénuement à peu près total. Situation que certains escrocs ne manquent pas d'exploiter…

- D'où, notamment, cette récente affaire…

MAISONS DE RETRAITE : UNE HONTE !

(De notre correspondant)

Décidément, les affaires se suivent et se ressemblent ! Une fois de plus, ceux qui ont mérité de couler des jours paisibles après des années de dur labeur sont les malheureuses victimes d'aigrefins sans scrupules. Un nouveau scandale qui ne manquera d'interpeller les pouvoirs publics…

Tout a commencé par une plainte déposée par *Croulant*, Marcel, retraité des BTP, suite à son admission au service des urgences du CHU de Blanchy-sous-le-Harnoy. Le personnel soignant ayant constaté des signes évidents de maltraitance sur la personne du patient, le directeur du service décide d'en référer au commissaire divisionnaire Navarin.

De troublantes révélations

« Au début, nous explique ce dernier, le pauvre homme ne voulait rien nous dire, comme s'il avait peur de parler. Mais, grâce à nos experts en interrogatoire psychologique, ainsi qu'à un de ces excellents sandwichs pâté-cornichons dont Mme Maud, la gérante du bar-tabac *Le Sélect*, a le secret, il nous a enfin tout raconté…

Il y a maintenant deux ans que monsieur *Croulant* séjourne à la maison de retraite *Les Chrysanthèmes*, sise dans un quartier tranquille de Blanchy. Il nous fait état de la dureté du personnel soignant à l'égard des résidents, attachés à leur lit à la moindre récrimination, devant se contenter d'une maigre

pitance (du coup, j'ai pris l'initiative de faire monter de toute urgence un rillettes-cornichons), n'étant pas autorisés à sortir en dehors de l'enceinte de l'établissement, et je vous passe d'autres détails encore plus navrants, concernant l'hygiène des pensionnaires… "Et le pire, monsieur le commissaire, c'est qu'on ne nous permettait même plus de nous exprimer. Entre nous, nous pouvions encore échanger quelques mots, mais sitôt que nous nous adressions au personnel, c'était le bâillon ! Oui, monsieur le commissaire, le bâillon."
Après ce témoignage, nous décidons d'en savoir plus. Ce qui est étrange, c'est qu'a priori, *Les Chrysanthèmes* jouissent d'une excellente réputation dans notre bonne ville… mais il faut en avoir le cœur net… »

Des limiers sur la piste

De fait, le commissaire Navarin, dûment flanqué de son fidèle second, se rend sur place en début d'après-midi. Grille en fer forgé, lierre sur les murs… L'endroit sent le luxe tranquille des maisons bourgeoises. Pour s'introduire dans les lieux, le commissaire et son adjoint ont recours à un habile stratagème : le second se fait passer pour le neveu du premier, et souhaite visiter l'établissement en vue de l'y placer pour lui assurer une vieillesse heureuse. Les réticences manifestées par la gérante, madame Quinqua, confirment aux policiers qu'il y a anguille sous roche ! Carte tricolore au poing, les représentants des forces de l'ordre investissent les locaux. Ils y découvrent un spectacle édifiant : des pensionnaires dûment ligotés sur leur lit et bâillonnés.
« Comme si on voulait les empêcher de s'exprimer ? Comme si, comment dire, on leur refusait… bon sang, mais c'est bien sûr ! le droit aux mots ! »
Embarquée séance tenante, l'ignoble madame Quinqua – en laquelle la presse locale verra « une authentique Thénardier lexicale » - finira par « cracher le morceau ». Toutes

les victimes présentaient en effet un point commun : monsieur *Croulant* Marcel (déjà cité), mais aussi messieurs *Cacochyme* (Barnabé), *Valétudinaire* (Donatien), *Sénescent* (Anthime), *Chenu* (Octavien), *et Mathusalémien* (Sigismond), avaient été placés aux *Chrysanthèmes* par un certain Senior (Jack) qui se faisait passer pour leur tuteur…
Suite à un mandat d'arrêt avec appel à témoin, Jack Senior sera finalement arrêté à Gstaad, en pleine séance de balnéothérapie dans une résidence médicalisée. Bronzage insolent, Ray-Ban aguicheuses, faciès copieusement botoxé et abdomen dûment lipposucé, le prévenu finira par avouer avoir manigancé, avec la complicité de l'odieuse madame Quinqua, devenue, chose peu surprenante, sa maîtresse, la disparition de ses malheureuses victimes, avec à la clé, main basse sur leur maigre pécule.

Un bien triste sire
Celui que la presse locale a surnommé « le playboy faisandé » se justifie avec la plus cynique des franchises : « J'en avais assez de toutes ces allusions à la vieillesse. *Cacochyme*, *Chenu*, *Croulant*… C'était trop avilissant. Et puis, c'était pas vendeur !! Ça sentait la déchéance, le *has been*. Moi, Jack Senior, mon truc, c'est la com – d'ailleurs, je fais partie du directoire de l'Agence Vermeil. Faut vivre avec son temps ! »
Reste à savoir si les jurés du tribunal devant lequel comparaîtra prochainement Jack Senior apprécieront… D'autant qu'après la disparition des *personnes âgées* et des *vieux*, Senior serait à nouveau dans le collimateur de la police…

NDLR : cette affaire ne manquera pas de rappeler à nos fidèles lecteurs le procès, voici maintenant deux ans, de Patricia Sornette, accusée d'avoir fait interner de force ses grand-tantes Coquecigrue, Calembredaine et Billevesée…

★★★

- La relation de ces tristes faits nous permet hélas une transition toute trouvée pour terminer ici notre entretien, cher monsieur Chiflet. Certes, les mots sont des êtres vivants, mais comme eux, il leur arrive un jour d'être confrontés à la solitude, la vieillesse, l'oubli et la mort.

- Merci, monsieur le commissaire, d'avoir si aimablement répondu à mes questions. Je comprends mieux, maintenant, l'univers impitoyable du monde des mots qui est le vôtre. Mais j'aimerais terminer sur une note optimiste en citant encore une fois Rivarol qui, lui, croyait en quelque sorte à la vie éternelle des mots :
« Les mots qui ont dans la société une famille et des relations étendues y ont aussi une plus grande consistance, c'est ainsi que les mots qui ont de nombreux dérivés et qui tiennent à beaucoup d'autres sont les premiers mots d'une langue et ne vieilliront jamais ; tandis que ceux qui sont isolés et sans harmonie tombent comme des hommes sans recommandation et sans appui. »

***

ANNEXES

Annexe 1

COMPLÉMENT D'ENQUÊTE

Apache. Au commissariat de Belleville, ce terme était appliqué aux jeunes voyous qui commettaient leurs méfaits à la Belle Époque. « Mais ce sont là de vrais procédés d'Apaches ! »

Arrhes. Certains mots ne sont utilisés qu'au pluriel : *archives, alentours, catacombes, décombres, fiançailles, environs, obsèques, représailles, semailles, confins, frais, funérailles, mœurs, ténèbres, dépens, prémices,* entre autres.

Article. Devenu le « déterminant » dans les nouvelles grammaires. « Le déterminant est un constituant obligatoire du groupe nominal. » Il fallait y penser ! Et voilà pourquoi votre fille est muette…

Aumônière. Petite bourse que l'on portait autrefois à la ceinture, resserrée par un nœud coulant.

Bescherelle. Louis-Nicolas Bescherelle, lexicographe et grammairien français. Il publia en 1842, avec son frère Henri, le *Véritable Manuel des conjugaisons ou la science des conjugaisons mise à la portée de tout le monde*, un guide devenu si célèbre que le nom Bescherelle s'est substantivé dans le français parlé.

Bip. Le terme « bip » signifie déjà signal sonore. Bip sonore : pléonasme.

Brocciu. Fromage corse à base de lait de brebis ou de lait de chèvre à pâte fraîche, très apprécié des Corses qui le désignent comme leur « fromage national ».

Catharina Bella. Allusion au personnage évoqué dans le magnifique texte (Scotto-Pujol-Audiffred-Koger) de la chanson interprétée par Tino Rossi, dans le film *Marinella* (1936), *Tchi-tchi*.

Catarinetta bella Tchi-tchi
Écoute l'amour t'appelle Tchi-tchi
Pourquoi dire non maintenant Ah… ah…
Faut profiter quand il est temps : Ah… ah…
Plus tard quand tu seras vieille Tchi-tchi
Tu diras baissant l'oreille Tchi-tchi
Si j'avais su dans ce temps-là… Ah… ah…
Ma belle Catarinetta

Carabin. Étudiant en médecine. Ce mot n'a pas de féminin. Ce qui est injuste et cette iniquité pourrait en effet se régler… à la carabine.

Cliché. Plaque portant en relief la reproduction d'une page de composition, ou expression toute faite trop souvent utilisée.

Confucius. Philosophe chinois qui continue d'influencer la civilisation chinoise par ses maximes parfois confuses… Il a donné naissance au confucianisme.

Dam. Au grand dam : au grand dommage ; encore une locution qui s'est réduite avec le temps. Du latin classique, *damnum*, « dommage », « préjudice », à ne pas confondre avec *damned* !

Divisionnaire Cappela. Clin d'œil à Jacques Capelovici, connu sous le pseudonyme de Maître Capello, linguiste français, également animateur de jeux télévisés francophones, né en 1922 à Paris. En 1976, il devient célèbre pour sa participation aux Jeux de 20 heures et à ses interventions soulignées de son fameux « de bon aloi ».

Draconien. D'une rigueur extrême. Vient de Dracon, législateur grec d'Athènes qui a rédigé vers 621 avant notre ère un code resté célèbre pour sa sévérité.

Drastique. Très rigoureux, radical.

Épicène. Qui désigne aussi bien le mâle et la femelle d'une espèce.

Épithète et attribut.
Un adjectif épithète est collé au nom : « Elle a de beaux attributs. » Un adjectif attribut est séparé par un verbe : « Ses attributs sont très beaux. »

Éponyme. Qui donne son nom à quelqu'un ou à quelque chose. *Johnny*, le dernier album éponyme de Johnny Hallyday. Il désignait, à Athènes, celui des neuf archontes (magistrats) qui donnait son nom à l'année en cours.

Évariste Gaulois. Clin d'œil à Évariste Galois (1811–1832), génial mathématicien incompris, mort en duel à 21 ans. On lui doit la notion de groupe, indispensable en mathématique ; il fut pourtant recalé deux fois à l'École Polytechnique.

Féminisation
Le *Guide d'aide à la féminisation des métiers, grades et fonctions* publié en 1999 par la Documentation française, est plutôt du genre surréaliste. Exemples :
Agrafeur/ Agrafeuse
Aumônier/ Aumônière
Bétonneur/ Bétonneuse
Cafetier/Cafetière
Chauffeur/ Chauffeuse
Chausseur/ Chausseuse
Débardeur/ Débardeuse
Débroussailleur/ Débroussailleuse
Entraîneur/ Entraîneuse
Pompier/ Pompière
Ramoneur/Ramoneuse
Tronçonneur/ Tronçonneuse

Férule. Petite palette de bois ou de cuir avec laquelle on frappait la main des écoliers punis. *Être sous la férule de quelqu'un :* être dirigé sévèrement.

Fur. Du latin *forum* « place publique », « marché », d'où « opérations qui se font au marché ». Fait partie de ces mots qui, au même titre que for (intérieur), dare (dare), clin (d'œil), laps (de temps), férir (coup), ou lurette (belle) ne peuvent exister l'un sans l'autre.

Fusil. Avec *fusil, citron, mandarin, aumônier, capucin,* etc., l'auteur fait ici allusion à cette cocasserie de la langue française qui fait que le féminin de ces mots n'a rien à voir avec eux.

Grevisse. Maurice Grevisse (Grevisse et non Grévisse, et *gre* -comme dans grenouille - et non gré), grammairien belge, auteur du *Bon Usage*, dit *Le Grevisse*, grammaire de 1 600 pages publiée en 1936 et régulièrement mise à jour.

Grisbi. Argent, en argot. Allusion au film de Jacques Becker *Touchez pas au grisbi* (1954), adaptation du roman éponyme d'Albert Simonin.

Hippocrate. Hippocrate le Grand, médecin grec, considéré comme le père de la médecine. Ses contributions ont révolutionné sa pratique, en en faisant une profession à part entière.

Jodhpur. Pantalon conçu à l'origine pour l'équitation, large au niveau des hanches, serrant la jambe du genou au pied, et évitant le port de la botte. Vient de la ville de Jodhpur, au Rajasthan. Très pratique pour dissimuler la culotte de cheval !

Kleenex. Antonomase comme *frigidaire, poubelle, bikini, klaxon, scotch, solex, mobylette, Tartuffe, Harpagon, Pénélope*, etc. Une antonomase est une figure de style qui caractérise l'utilisation d'un nom propre comme nom commun.

« Cela va faire du bruit dans Landerneau. » Petit fait qui va faire parler de lui. Pourquoi cette cité bretonne plutôt qu'une autre ? Pourquoi pas « Cela va faire du bruit dans Le Relecq Kerhuon ? » Parce que c'est une allusion à une comédie d'Alexandre Duval, *Les Héritiers* (fin du XVIIIe siècle), où l'on voit un officier de marine donné pour mort, réapparaître dans sa ville d'origine, Landerneau, au grand dam des héritiers en train de se disputer sa succession. Un valet s'exclame alors : « Oh le bon tour ! Je ne dirai rien, mais cela fera du bruit dans Landerneau ! » Cette répartie a si bien traversé les siècles que Landerneau est devenu un nom commun : « le Landerneau politique ».

Laps. Vient de… *lapsus,* « tout mouvement de glissement, d'écoulement, de course rapide ».

Larynx. Conduit situé entre la partie buccale du pharynx et la trachée, qui, par le jeu des cordes vocales, constitue l'organe essentiel de la phonation.

Magret. L'inspecteur Maigret, plus amateur de bières et de sandwiches que de magret de canard. Héros de Georges Simenon.

Malherbe (François de). Poète français (1555-1628) dont les théories littéraires, qui prônaient la rigueur et la clarté, préfigurèrent les premières réformes de la langue française. Sur son lit de mort, il interrompit son confesseur : « Ne me parlez plus ; votre mauvais style me dégoûte ! »

Mânes. Très prisés par Corneille ; chez les Romains, ce sont les âmes des morts.

Nestor Barmu. Nestor Burma, détective privé imaginé en 1942 par Léo Malet, dont les aventures ont pour cadre la ville de Paris.

Nombre. Traduit la pluralité et qui dit pluralité dit pluriel.

Olympien. Relatif à l'Olympe et à ses dieux. Le mont Olympe, la plus haute montagne de Grèce, est traditionnellement le domaine des dieux de la mythologie grecque.

Pénates. Divinités romaines chargées de la garde du foyer, et particulièrement de la nourriture.

Pléonasme. Mot ou expression qui fait double emploi et ne fait qu'ajouter une répétition à ce qui vient d'être énoncé.

Polysémie. Un mot ou d'une expression qui a deux ou plusieurs sens différents. Par exemple « souris » d'ordinateur, d'agneau, ou petit mammifère.

Redondance. Synonyme de pléonasme.

Réglisse. Genre masculin au même titre que *azalée*, *échappatoire*, *oriflamme* et *encaustique*.

Rivarol (Antoine, dit le comte de). Écrivain français (1753-1801). Auteur du célèbre *Dictionnaire sur l'universalité de la langue française* et réputé pour son esprit brillant.

Stéréotype. Opinion toute faite, cliché, lieu commun.

Style. Aspect de l'expression chez un écrivain qui peut faire fi de la syntaxe…

Suffixe et préfixe. Dans un mot il y a le radical, partie fixe du mot, auquel on peut ajouter un préfixe, élément qui se place devant le radical pour former un mot dérivé (mener et emmener), ou un suffixe, élément situé derrière le radical (jeter + -able = jetable).

Syntaxe. Étude des règles qui président à l'arrangement des mots.

Tentacule. Genre masculin au même titre qu'*alvéole, amalgame, amiante, anathème, anévrisme, antidote, antipode, apogée, après-midi, armistice, asphalte, astérisque, augure, balustre, basalte, chrysanthème, cloporte, effluve, éphémère, épisode, équinoxe, esclandre, exode, granule, haltère, hémisphère, hémistiche, hyménée, hypogée, ovule, pétale, sépale, socque, termite, tubercule.*

Vaugelas. Claude Favre de Vaugelas (1585-1650), Linguiste et grammairien qui dirigea les travaux de l'Académie française pour codifier la langue.
On lui attribue ces dernières paroles : « Je m'en vais ou je m'en vas, l'un et l'autre se dit, ou se disent. »

Annexe 2

Mains courantes

Orfraie et effraie

Madame *Orfraie* est venue se plaindre des cris sinistres que pousse Madame *Effraie*. Elle ne supporte plus qu'on les confonde ; elle rappelle que son mari « l'*Orfraie* » était un aigle pêcheur dont le glapissement n'avait rien de strident.

Oignon

Plainte d'une demoiselle *Oignon* concernant la prononciation de son nom. L'*i* de la première syllabe ne se prononce pas alors qu'on le fait entendre dans la deuxième où il est absent. Nous lui avons dit que ce n'étaient pas nos oignons, ce qui l'a fait fondre en larmes.

Conjecture et conjoncture

Plainte de madame *Conjecture,* habitant dans le même immeuble que madame *Conjoncture.* Le facteur, peu attentif, mélange les destinataires et c'est sa voisine qui reçoit son courrier.

Plainte de monsieur Chang

Contre les examinateurs de l'épreuve orale d'entrée sur le territoire français. On lui aurait donné à lire ce texte particulièrement difficile :

« Reten*us* par le bloc*us*, les recl*us* encore pleins de ton*us*, escaladaient par-dess*us* le tal*us* aux cact*us* malgré les ob*us* et rapportaient des détrit*us* au risque d'attraper des vir*us*. Les autres vraiment obt*us* leur avaient opposé des ref*us* conf*us*, et devant cet ab*us* des intr*us* volaient les surpl*us*. Mais mot*us* ! Ne faites pas de laps*us* en en parlant ! »

Il accuse l'administration de parti pris à son encontre et d'injustice caractérisée pour le faire échouer.

Plainte des pères du petit *Quiproquo* et du petit *Malentendu*

Contre leur professeur des écoles qui les confond toujours. L'incriminé ne les confondrait pas s'il connaissait mieux leurs origines : *malentendu* est formé de l'adverbe *mal* et du participe passé du verbe *entendre*. Il désigne une erreur d'interprétation de paroles entendues. *Quiproquo* vient de la locution latine *qui pro quo, quid pro quo*, « quelque chose pour quelque chose d'autre ».

Plainte de monsieur *Auto-Écoles*

Monsieur *Auto* se plaint de son trait d'union avec madame *École* alors que son ami *Autobus* jouit d'une véritable union.

Le commissaire lui a fait remarquer que monsieur *Anti-Inflammatoire* avait déposé la même plainte il y a un an.

Plainte de *Fripouille*

Le sieur *Fripouille* s'est plaint de fautes d'orthographe dans le procès-verbal de son arrestation. Il aurait été consigné qu'il a été arrêté dans son *repère* et non dans son *repaire* près du *golfe* et non du *golf*. Il a été reconduit en *taule* et non en *tôle* comme l'avait noté l'agent de police, sans autre forme de procès.

Plaintes d'individus louches

Visite à nos bureaux ce jour des sieurs *Aide, Cartouche, Livre, Manœuvre, Moule, Page, Poêle, Somme, Tour, Crêpe, Manche, Mode, Geste, Enseigne, Mémoire, Office, Parallèle, Pendule, Poste, Radio*. Impossible de prendre en considération leurs revendications car nous n'avons pu déterminer s'ils étaient de sexe masculin ou féminin.

Plainte pour tapage nocturne

Monsieur *Éruption* a fait *irruption* dans nos bureaux et s'est posé en *martyr,* en relatant à nos agents son *martyre.*

Enfant perdu

Trouvé le petit *Marcassin*, qui pleurait comme un veau parce qu'il avait perdu ses parents. Il dit être le fils de monsieur *Sanglier* et de sa mère *Laie,* ce qui nous a semblé bien étrange, vu que son nom n'a pas de rapport apparent avec celui de son père, mais il s'agit peut-être d'une famille recomposée. Même remarque pour le petit *Faon*, sa mère *Biche* et son père *Cerf*, du jeune *Poulain* (parents *Jument* et *Cheval*), de *Mulet* (parents *Âne* et *Jument*), de *Musmon* (parents *Bélier* et *Chèvre*), de *Cocquard* (parents

Faisan et *Poule*), de *Chabin* (parents *Mouton* et *Chèvre*). À notre époque, il semblerait que les chats ne font plus de chatons.

Plainte contre animal

Monsieur *Paronyme* a porté plainte contre son voisin qui élève un serpent *venimeux* et a menacé de lui faire absorber un poison *vénéneux*.

Plainte contre X

Des sieurs *Sarraus* et *Landaus* qui ne voient pas pourquoi ils sont privés d'X.

Plainte pour arnaque

De monsieur *Colvert,* qui avait commandé sur Internet une *cane* pour son *canard* célibataire qui déprimait, et qui a reçu une *canne*… à sucre, en plus !

Contrôles abusifs

Nous recevons couramment des plaintes pour contrôle systématique de prétendus sans-papiers : monsieur *Gentleman,* dépose une plainte et fait savoir que lui et sa famille sont naturalisés Français depuis 1700, madame *Cold-Cream* depuis 1827, monsieur *Yeoman* depuis 1669, monsieur *Pickpocket* depuis 1765 et monsieur *Speech* depuis 1829.

Du rififi dans une basse-cour

Les *Cui-Cui* et les *Coin-Coin* se sont battus avec les *Cocoricos*, et les *Glous-Glous*. On pense qu'il s'agirait de querelles familiales autour d'un problème d'S.

Naissances sous X

Plainte des sieurs *Soixante*, *Deuxième* et *Sixième* qui, non contents d'assumer un lourd handicap, car nés sous X, n'en peuvent plus d'être prononcés « Soissante, Deuzième et Sizième ». Ils décident de porter plainte contre l'État qui autorise ainsi leur perte d'identité.

Plainte de mademoiselle *Pénitence*

Mademoiselle *Pénitence,* responsable de la catéchèse à la paroisse Saint-Nom-de-Baptême, demande à titre exceptionnel d'être mise sur liste rouge. Elle ne supporte plus d'apparaître dans le dictionnaire juste en dessous du sieur *Pénis*, ce qui prête, paraît-il, à de nombreux quiproquos choquants.

Plainte d'*Hôte*

Contre l'Académie Française qui ne lui aurait pas attribué de définition claire. Il ne sait jamais si c'est lui qui reçoit ou s'il est invité.

Plainte de la famille *Gourmandise*

Monsieur *Gourmet* porte plainte contre son beau-frère monsieur *Gourmand,* sa belle-mère madame *Goulue* et sa belle-sœur madame *Goinfre* qui se jettent sur la nourriture en mangeant salement, avec une nette tendance à l'en écarter.

Plainte pour préjudice moral

Brouter, *Limer*, *Bourrer* et *Tirer*, regroupés en association, demandent que l'utilisation de leurs noms pour qualifier vulgairement l'acte sexuel soit désormais interdite sous peine de poursuites.

Identité sexuelle

Amours, *Délices* et *Orgues*, masculins au singulier et féminins au pluriel, déposent un recours devant le tribunal administratif pour que cesse cette absurde distinction qui prête à de navrantes confusions.

Un corbeau dans la mare

Mademoiselle *Rainette*, de la famille Grenouille, porte plainte contre maître *Corbeau* qui ne la laisse pas *coasser* à son aise sur son nénuphar en faisant croire qu'elle *croasse*. Elle s'offusque d'être ainsi persécutée par « un sale corbeau ».

Annexe 3

De : Monsieur Parasol (plagiste)

À : Monsieur le commissaire aux affaires textuelles

Monsieur le Commissaire,

Je, soussigné Parasol, ai décidé de porter plainte contre l'agent Alalettre, qui était de service hier soir au croisement du boulevard Ignorance et de la rue Crasse. Figurez-vous qu'il a osé me verbaliser pour « défaut de doublement de consonne entre deux voyelles » parce que lorsque j'ai décliné mon identité, j'ai prononcé « parassol », tout en épelant mon nom, tout à fait correctement, je tiens à le préciser, sous la forme p-a-r-a-s-o-l. Mon s se prononce s et non z, même s'il est placé entre deux voyelles, depuis sa création, qui remonte à 1540, ainsi que l'atteste l'adjudant-chef Rey dans son *Dictionnaire historique de la langue française*.
J'ai voulu signaler la chose à cet

agent qui s'est vexé quand je l'ai traité d'ignare. Et c'est ainsi que j'ai été placé en garde à vue, dans des conditions moyenâgeuses indignes de notre République. Je me suis retrouvé coincé entre des fautes d'orthographe scandaleuses, débraillées, bouffies de consonnes doubles inutiles et de ***h*** ou de ***y*** prétentieux et parfaitement superfétatoires, puant la bêtise et la paresse à plein nez.

Fort heureusement, j'y ai fait la connaissance de la très distinguée - nonobstant son patronyme - ***Asymétrie*** qui avait, elle aussi, été sottement verbalisée pour défaut de doublement de consonne entre deux voyelles. Inutile d'expliquer à votre agent Alalettre la raison de cette singularité dont nous sommes fiers tous les deux. Que peut-il comprendre, ce zélateur bas du képi, à l'étymologie, latine chez mon humble personne et grecque pour ***Asymétrie*** ?

Pourtant nos cas sont simples, pour qui consent à faire un effort minimal (et non minimum, j'y tiens !) de compréhension des mécanismes qui ont amené à la création de nos noms. Le mien vient du préfixe ***para-***, emprunté au latin ***parare***, protéger, et du mot ***sol***, soleil. Je signifie donc « qui

protége du soleil ». Les gens moins ignorants que votre agent, ou moins bêtement accrochés à une application à la lettre de l'orthographe, comprennent immédiatement que je suis un protecteur contre les méfaits du soleil, et ils dissocient instinctivement mon premier composant, ***para***, du second, ***sol***, dans la prononciation comme dans l'écriture. Ma nouvelle amie ***Asymétrie*** comporte elle aussi deux éléments grecs, le préfixe ***a-***, qui signifie l'absence de la chose qui est nommée ensuite, et ***summetria***, égalité entre les proportions. Là encore, il est évident qu'il faut garder la prononciation de symétrie avec un ***s***, pour comprendre le sens de son dérivé, ***asymétrie***. Sinon, on entend ***azymétrie*** qui ne veut rien dire, sauf pour les Allemands, peut-être.
Nous sommes, ***Asymétrie*** et moi-même, des exceptions et nous en sommes fiers. À bas le vulgum pecus, avons-nous crié, en vain, hélas ! Les fautes d'orthographe enfermées avec nous ont cru que nous nous moquions, et elles ont même essayé de nous frapper à coups de parapluie (un comble !!) et le sieur Alalettre, qui s'est cru visé (à juste titre, pour une fois), nous a gratifiés en prime d'un outrage à agent. Pour ne

rien dire de ses réflexions d'un goût douteux sur le fait qu'un parasol, en toute bonne logique, finit forcément à l'ombre…

Signé
Parasol

De : Madame Anne Onyme

À : Monsieur le commissaire aux affaires textuelles

Monsieur le commissaire,

Je tiens à protester vigoureusement contre l'intrusion dans notre beau paysage linguistique de mots qui n'ont rien à faire chez nous. Je parle en tant que présidente du Renouveau de l'Occident, qui regroupe des centaines de milliers de gens émus, scandalisés, outrés, révulsés par la politique d'immigration laxiste qui est la vôtre depuis des décennies. Passe encore sur l'emploi de mots tels que ***sofa*** ou ***divan*** qui sont révélateurs de la paresse de ces gens-là, vous voyez lesquels, qui ne pensent qu'à dormir et à se prélasser sur des amoncellements de ***tapis***. Mais maintenant, il faudrait que nous subissions la dictature de musiques et de danses dégénérées telles que le ***rap*** et le ***hip-hop*** ?! Les murs de nos monuments centenaires sont défigurés par les ***tags***, la poésie a été violée par le ***slam***, et vous ne réagissez pas ! Pire, vous les accueillez en votre sein, vous

les chouchoutez, comme vous aviez jadis accepté le ***bazar***, le ***souk*** et le ***ramdam***. Certes, ces derniers termes comportaient une connotation de mépris parfaitement méritée, mais vous n'osez même plus en affirmer haut et fort le bien-fondé, tant vous subissez la loi infâme du politiquement correct. Et c'est ainsi que ***ramdam***, ce ***barouf*** infernal produit par tous ces immigrés, incapables d'observer notre maintien empli d'une maîtrise de soi si française, est remplacé par ***ramadan***, avec bien évidemment sa connotation religieuse, pour ne pas dire communautariste, et que je prie cinq fois par jour, et que je jeûne un mois par an, et que j'oblige les femmes à porter le ***nikâb***, la ***burqa***, ces voiles qui permettent à n'importe qui de faire n'importe quoi en toute impunité, en particulier de braquer les bureaux de Poste, et que je lance des ***fatwah*** contre les chiens d'infidèles qui osent nous critiquer !!!
Trop, c'est trop ! Nous, membres du Renouveau de l'Occident, sommes prêts à faire justice nous-mêmes pour éradiquer le Mal à la racine. Nous avons décidé de renouer avec la pratique de l'autodafé et nous brûlerons quiconque emploiera ces termes exécrables, au lance-flammes s'il le faut !

PS : vous pouvez faire toutes les analyses d'ADN que vous voulez sur le timbre et le rabat de l'enveloppe (pour une fois que vous ferez du zèle…). Vous ne trouverez que de bons gènes 100 % français, pas de ***rebeu*** ni de ***black*** polygames qui ruinent les Allocations familiales avec un culot de ***bachi-bouzouks*** ne connaissant que les *razzias*. Halte aux métèques et à ceux qui les protègent, au lieu d'aider les vrais Français de souche !

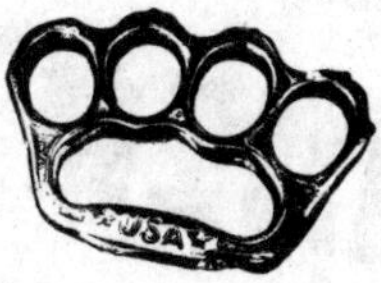

CONFIDENTIEL

Annexe 4

PRÉFECTURE DE POLICES DES MOTS

AVIS DE RECHERCHE

DE FIGURES DE STYLE

DIFFICILES

À APPRÉHENDER

Aposiopèse
Homéotéleute
Périssologie
Anadiplose
Polysyndète
Chiasme
Hendiadys
Polyptote
Ecphrasis
Anapodoton
Anaphore
Kakemphaton

1.

On recherche Mademoiselle APOSIOPÈSE

Signalement : Type grec. Sexe féminin.
Naturalisation : 1566.
Description : De nature très réticente. S'arrête souvent de parler avant d'avoir achevé d'exprimer sa pensée. S'interrompt brusquement et se met à hésiter quand l'émotion la saisit.
Localisation : A été vue dans l'*Énéide* de Virgile : **« Osez-vous, sans ma permission, ô vous, bouleverser le ciel et la terre et soulever de telles masses ? J'ai envie de vous… ! Mais il faut d'abord apaiser les flots déchaînés… »** et chez Racine avec son amie *Athalie* :
« Je devrais sur l'autel où ma main sacrifie
Te… mais du prix qu'on m'offre il faut me contenter. »

Portrait-robot

2.

On recherche Monsieur HOMÉOTÉLEUTE

Signalement : Type grec. Sexe masculin.
Date de naissance : Inconnue
Signes particuliers : Répète en fin de phrase des mots dont les finales semblables sont sensibles à l'oreille.
Serait proche d'une certaine *Rime.*
Localisation : Vu chez Raymond Queneau : « Au delà, dans tout le reste de l'Uni-park, il y avait cette rumeur de foule qui s'a**muse** et cette clameur de charlatans et tabarins qui **rusent** et ce grondement d'objets qui s'**usent**. » et chez Rabelais en compagnie du célèbre *Pantagruel* : « **pipeur**, **buveur**, **batteur** de pavés, **ribleur** s'il en était à Paris. »

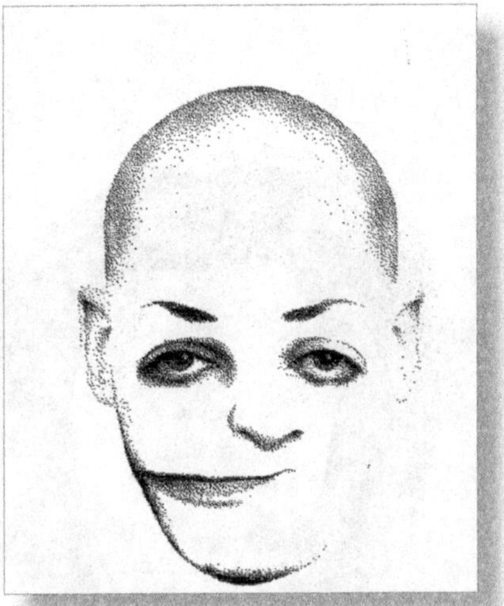

Portrait-robot

3.

On recherche Madame PÉRISSOLOGIE

Signalement : Type grec. Sexe féminin
Naturalisation : Vers 1710.
Signes particuliers : Rejeton de la famille *Pléonasme.* Insiste toujours. Très proche des *Redondance.* Parfois confondue avec Pléonasme (ce qui oriente faussement les recherches de nos services de police.) A souvent la langue de bois.
Localisation : Vue dans le *Moulin* d'Alphonse Daudet.
« Alors, tout **naïvement,** sans y **entendre malice,** dans cette salle à manger de presbytère, si **candide** et si **calme** [...], l'abbé me commença une historiette légèrement sceptique et irrévérencieuse, à la façon d'un conte d'Erasme ou d'Assoucy. »

Portrait-robot

4.

On recherche Madame ANADIPLOSE

Signalement : Sexe féminin.
Naturalisation : 1555.
Signes particuliers : Adore les rebondissements. A une âme d'enfant quand elle joue avec les mots : « J'en ai marre, marabout, bout de ficelle, selle de cheval, etc. »
Localisation : aurait été vue avec un soulier de satin chez Paul Claudel :
« Le néant a produit le vide, le vide a produit le creux, le creux a produit le souffle, le souffle a produit le soufflet et le soufflet a produit le soufflé. »

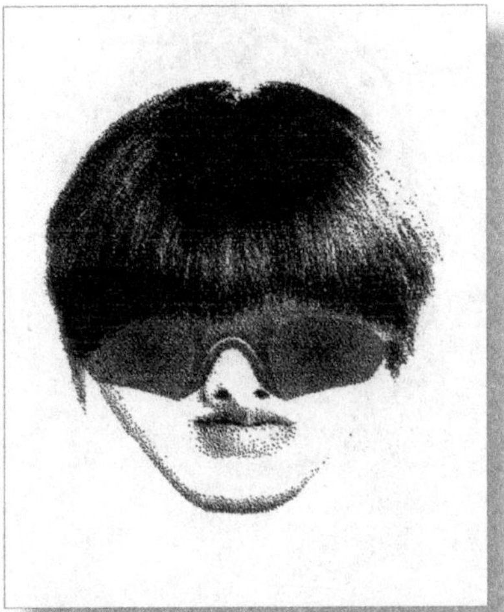

Portrait-robot

5.

On recherche Madame POLYSYNDÈTE

Signalement : Sexe féminin.
Date de naissance : Arrière-petite-fille de *Polysyndeton*, 1765.
Signe particulier : Sans doute atteinte de la maladie d'Alzheimer.
Répète ce qu'elle a à dire et plus particulièrement une conjonction plus souvent que ne l'exige l'ordre grammatical.
Localisation : Chez Rimbaud : « Un soir, j'ai assis la Beauté sur mes genoux. – **Et** je l'ai trouvée amère. – **Et** je l'ai injuriée. » et chez Victor Segalen : « Tu es riche **et** lourd **et** suave **et** frais, pourtant. »

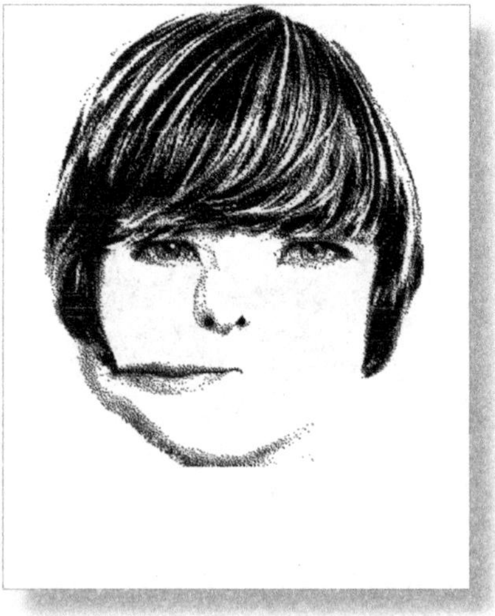

Portrait-robot

6.

On recherche Monsieur CHIASME

Signalement : Grec. Sexe masculin. Prononcer Kiasme.
Naturalisation : Vers 1554.
Description : Essaie de rythmer ses paroles. Se donne un genre en inversant les éléments de deux groupes de mots.
Localisation : Se produit souvent et partout, par exemple chez Hugo Victor :
« La neige fait au Nord ce qu'au Sud fait le sable. »,
ou chez le sieur Molière :
« Il faut manger pour vivre et non pas vivre pour manger. »

Portrait-robot

7.

On recherche Monsieur HENDIADYS

Signalement : Type grec. Sexe masculin.
Naturalisation : 1902.
Signes particuliers : Pourrait se cacher aussi sous le nom d'*Hendiadyn*. A la manie de remplacer un substantif accompagné d'un adjectif par deux substantifs !
Localisation : A été repéré chez Jean-Jacques Rousseau : **« Respirer l'air du lac et la fraîcheur »**. Rousseau pense en effet que cette formule est plus parlante et plus rafraîchissante que « La fraîcheur de l'air du lac. »
Il n'est cependant pas facile d'identifier monsieur Hendiadys. On nous a récemment signalé sa présence, mais il s'agissait en fait d'un de ses proches, *Hyperbate*.

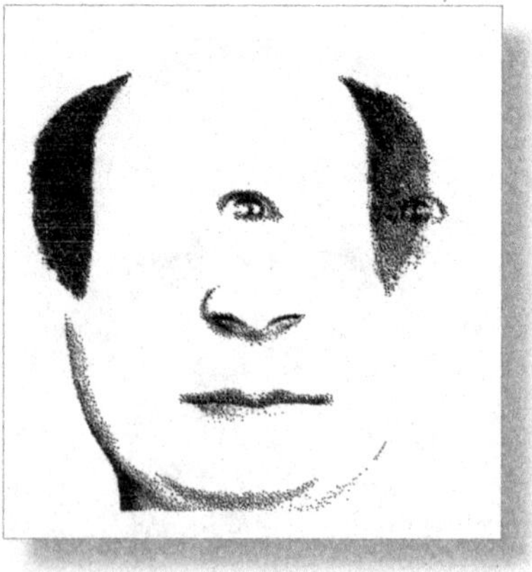

Portrait-robot

8.

On recherche Monsieur POLYPTOTE

Signalement : Type grec. Sexe masculin.
Date de naissance : 1557.
Signes particuliers : Manque de vocabulaire. Peu doué pour l'étude des langues, car il utilise le même mot avec un penchant pour le verbe dans une même phrase.
Localisation : On l'a entendu converser avec Raymond Queneau : « Je montai dans un autobus plein de **contribuables** qui donnaient des sous à un **contribuable** qui avait sur son ventre de **contribuable** une petite boîte qui **contribuait** à permettre aux autres **contribuables** de continuer leur trajet de **contribuables.** », et avec Eugène Scribe :
« Rien de plus facile : je me **prône**, tu te **prônes**, il se **prône**, nous nous **prônons**, la Famille du baron. »

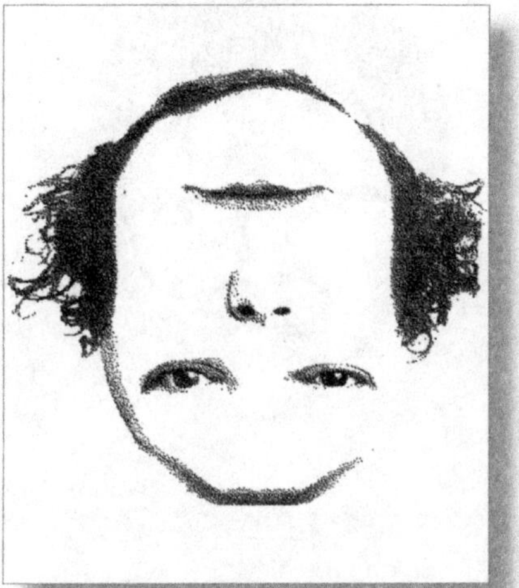

Portrait-robot

9.

On recherche Mademoiselle ECPHRASIS

Signalement : Type grec. Sexe féminin.
Date de naissance : Inconnue.
Signes particuliers : Se fait appeler aussi *Ekphrasis*, ou *Ekfrasis*, ou *Ekphraseis*. Se plaît uniquement en compagnie d'œuvres d'Art, qu'elle décrit en long et en large.
Localisation : On l'a vue le plus souvent enchâssée dans un récit.
Aperçue pour la première fois dans la description par Homère dans l'*Iliade* du bouclier d'Achille forgé par le dieu Héphaïstos.

Portrait-robot

10.

On recherche Monsieur ANAPODOTON

Signalement : Type grec. Sexe masculin.
Date de naissance : Inconnue.
Signes particuliers : Très sociable. Aime mettre en relation, jouer les entremetteurs et faire des liaisons.
Localisation : Fréquente Baudelaire, un marginal qui a écrit *Les Fleurs du mal* :
« Une atmosphère obscure enveloppe la ville,
Aux uns portant la paix, **aux autres** le souci. »
Autre source de localisation : on sait qu'il a rencontré Jules Renard (c'est écrit dans son *Journal*) : « Il était **tantôt** méchant et **tantôt** bon pour le plaisir de l'être. »

Portrait-robot

11

On recherche Mademoiselle ANAPHORE

Signalement : Type grec. Sexe féminin.
Date de naissance : 1557.
Signes particuliers : Commence ses vers, ses phrases ou ensembles de phrases ou de vers, par les mêmes mots ou les mêmes syntagmes. S'exprime avec une amplification emphatique !
Localisation : Chez Corneille :

Rome, l'unique objet de mon ressentiment !
Rome, à qui vient ton bras d'immoler mon amant !
Rome qui t'a vu naître, et que ton coeur adore !
Rome enfin que je hais parce qu'elle t'honore !

A été vue en balade dans la prose escortant Victor Hugo : *«* **Marcher** *à jeun,* **marcher** *vaincu,* **marcher** *malade. »*

Portrait-robot

12.

On recherche Monsieur KAKEMPHATON

Signalement : Type grec. Sexe masculin.
Date de naissance : Inconnue.
Signes particuliers : Personnage équivoque. Malgré ses origines, a un petit air égyptien. L'origine grecque de son nom vient de « Mauvais » ! Il prête à rire, d'ailleurs il est très familier avec *Calembour*.
Localisation : Sévit en fin de dîner entre copains ; mais certains écrivains l'utilisent :
Corneille : **« Plus l'effet s'accroît, plus l'effet se recule. »**
Adolphe Dumas :
« J'en sortirai du camp, mais quel que soit mon sort
J'aurai montré du moins comme un vieillard en sort ! »
Bossuet :
« Ah ! Plût à Dieu, que tu susses ! »

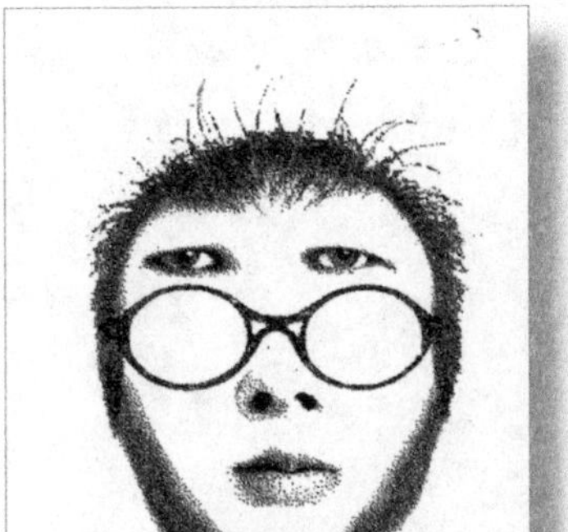

Portrait-robot

CONFIDENTIEL

Annexe 5

PRÉFECTURE DE POLICES DES MOTS

Au commissaire Navarin, le 29/06/2010

Vous trouverez ci-joint un premier rapport de la commission Courberand sur une proposition de loi tendant à un aménagement de l'exception française, jugée en haut lieu de moins en moins compétitive sur le marché de la mondialisation linguistique.
Il va de soi que ce document doit rester strictement confidentiel, sous peine de susciter une levée de boucliers au sein de la frange la plus conservatrice de notre électorat.

SECRET DEFENSE DE LA LANGUE

Il a été décidé que désormais, à partir de dorénavant et jusqu'à nouvel ordre :

⋆ Les noms en *–ou* feront leur pluriel en *–s* : des *bijous*, des *caillous*, des *chous*, des *genous*, des *hibous*, des *joujous*, des *ripous*.

⋆ Les noms en *–al* feront leur pluriel en *–als* : des *journals*, des *cristals*, des *animals*, des *chevals*.

★ Les noms en *–au* et *–eau* feront leur pluriel en *–s* : des *étaus*, des *noyaus*, des *oiseaus*, des *moineaus*, des *agneaus*, des *bateaus*, des *eaus*.

★ Les noms en *–eu* et *–œu* feront leur pluriel en *–s* : des *vœus*, des *aveus*, des *cheveus*, des *feus*, des *dieus*.

★ Les noms en *–ail* feront leur pluriel en *–ails* : des *bails*, des *corails*, des *émails*, des *soupirails*, des *travails*.

★ Tous les adjectifs feront leur pluriel en *–s* : *beaus, nouveaus, jumeaus, mondials, cérébrals, libérals, marginals, nationals*.

★ Les mots commençant par *ap-* s'écriront avec un seul p : *apeler, aparaître, aprendre, apartement, apétit*.

★ Les mots commençant par *ag-* s'écriront avec un seul *g* : *aglomérer, aglutiner, agraver, agiornamento*.

★ Les mots dérivés de leurs congénères en *–on* s'écriront avec un seul *n* : *rationel, professionel*.

★ Les mots terminés par le son *siel* s'écriront *–ciel* : *essenciel, potenciel, intersticiel, présidenciel*.

★ Les mots terminés par le son *sion* et non *ksion* s'écriront *–sion* après une consonne : *inscripsion, invension*, et *–ssion* après une voyelle : *solussion, vibrassion*.

★ Les noms et les adjectifs terminés par le son *kan* s'écriront *–cant* : un *traficant*, un *praticant*, un *délincant*, du *clincant*. La finale *–quant* sera réservée aux participes présents.

★ Les mots terminés par le son *kage* s'écriront *–cage* : *bracage, placage, rubricage.*
★ Les mots composés s'écriront tous avec un *« trait-d'union »* : un *point-de-vue*, un *clin-d'œil*, une *poule-au-pot*, une *pomme-de-terre.*

★ Les noms féminins terminés par le son *i* s'écriront tous *–ie* : *brebie, fourmie, sourie, perdrie, chienlie.*

★ Le tréma sera supprimé. On écrira *mais*, *aigue*, *ouie*, *inoui*, *ambiguité*, *hair*, *Noel.*

★★★

Annexe 6

PRÉFECTURE DE POLICES DES MOTS

EN ATTENTE D'INSCRIPTION À L'ÉTAT CIVIL LEXICAL

Accouplissement
Exercices d'assouplissement que l'on pratique avant l'accouplement proprement dit (retirer son pantalon sans relâcher l'étreinte, ôter ses chaussures sans les mains, caresser son partenaire de l'une et de l'autre régler le radio-réveil, etc.).

Addivision
Au restaurant, addition qu'on décide finalement de diviser par le nombre de convives, au grand dam de celui qui, par économie, s'est contenté d'une salade et d'un café, le tout arrosé d'eau plate.

Aérodeur
Arôme particulier qui émane d'une salle de gymnastique après une séance d'aérobic.

Aïcoudo
Art martial traditionnel qui met aux prises deux voisins de sièges, au cinéma ou en avion, dans le but d'obtenir le monopole de l'accoudoir commun.

Amerciement
Le « merci » que vous vous surprenez à dire par pur automatisme à l'agent de police qui vous tend votre carte grise, votre permis de conduire et la contravention qu'il vient de vous dresser.

Aminonyme
Ami ou connaissance dont le nom vous échappe au moment précis où vous devez le présenter à une tierce personne, au cours d'une soirée ou d'un cocktail.

Ascensort
Pratique magique consistant à appuyer plusieurs fois et avec insistance sur le bouton d'appel de l'ascenseur, pour le faire venir plus vite.

Ascensure
Censure implicite qui interdit à l'usager de croiser le regard des autres personnes dans un ascenseur.

Biniouf
Malotru qui téléphone alors que vous venez juste de vous mettre à table, de vous endormir, d'entrer aux toilettes, etc.

Biscadeau, ou **cadeauplicata**
Le cadeau que l'on vous offre alors que vous avez exactement le même, et que vous n'osez pas le dire.

Cadrectomie
Ablation d'un tableau sur un mur, qui laisse généralement des cicatrices apparentes (plaie ouverte à la place du clou, dépigmentation à l'emplacement du cadre).

Caféructation
Borborygmes qu'émet une cafetière électrique pour vous avertir que le café est prêt.

Cancrature
Pâté ou tache d'encre que l'on fait volontairement en écrivant pour dissimuler une terminaison suspecte, un accord douteux ou un redoublement de consonnes litigieux.

Casqueter
Fredonner d'une voix un peu trop forte et généralement discordante les paroles de la chanson que l'on est en train d'écouter au casque ou sur son MP3.

Cataseconde
Laps de temps très court pendant lequel la main claque la porte de l'appartement, tandis que la tête se souvient que les clés sont restées à l'intérieur.

Chaltitude
Hauteur que peut atteindre le derrière du chat pour rencontrer la main qui le caresse.

Chiyoyo
Petit chien au bout d'une laisse à enrouleur.

Cigatrice
Crevasse jaunie sur un cendrier, à l'endroit où l'on pose habituellement sa cigarette.

Clapeautis
Bruit de succion produit par deux corps faisant l'amour pendant la canicule, quand les peaux transpirent et collent. (On dit aussi **faire ventrouse**.)

Clin d'heure
Regard furtif que l'on jette discrètement à sa montre pour vérifier l'heure à l'insu de son interlocuteur.

Cobâille
Personne contaminée par les bâillements d'une autre.

Codosphère
Partie du ciel que l'on regarde lorsqu'on fait la queue à un distributeur de billets de banque et qu'on ne veut pas être soupçonné d'espionner le code secret de son prédécesseur.

Combientomane
Personne qui, à chaque fois que vous lui montrez un objet que vous venez d'acheter, vous demande : « Combien tu l'as payé ? »

Concupizzence
Penchant à toujours préférer la pizza commandée par son voisin, au restaurant.

Çonnerie
L'insistante sonnerie de téléphone qui retentit alors qu'on vient d'entrer dans son bain, et qui s'arrête au moment précis où l'on s'apprête à décrocher, drapé dans une serviette de fortune, les pieds dans une flaque d'eau et les yeux embués de savon.

Copain-clopant
L'ami fumeur qu'au nom d'une vieille amitié, le non-fumeur tolère.

Coudoutchouc
Vieux morceau de caoutchouc fripé, usé et grisâtre qui recouvre l'articulation du coude, chez la plupart des humains.

Crouitchment
Bruit que font en marchant sur le lino les personnes qui portent des chaussures à semelles de crêpe.

Déconfident
Celui qui divulgue systématiquement les confidences qu'on lui fait sous le sceau du secret.

Défilosphère
Partie du ciel (ou du plafond) que l'on regarde dans une réunion, une salle de cours, une assemblée générale, au moment précis où l'orateur ou le professeur demande si quelqu'un veut prendre la parole.

Déklaxonner
Tenter d'expliquer par gestes au conducteur de la voiture qui vous précède que votre coup de klaxon était purement involontaire.

Dépostillonner (se)
Tenter d'essuyer discrètement, à l'insu de votre interlocuteur et sans froisser sa susceptibilité, les postillons qu'il envoie à jet continu sur votre veste, votre visage, vos lunettes...

Désaparté
Histoire scabreuse, confidence intime que l'on chuchote en aparté à son voisin de table lors d'un dîner animé et bruyant, quand soudain les conversations s'interrompent et qu'on s'aperçoit, gêné, que tous vous écoutent.

Désiderratum
Moment précis où vous prenez conscience, lors d'un premier rendez-vous galant dont vous attendiez beaucoup, que vous vous êtes complètement trompé sur la personne en question, non-fumeuse militante, de sensibilité politique diamétralement opposée à la vôtre et nantie de surcroît d'une famille très nombreuse.

Digithon
Assistance généreuse et momentanée que l'on prête à quelqu'un en appuyant du doigt sur le ruban ou le lacet qu'il est en train de nouer, pour l'aider à faire sa boucle.

Embénardé, ée
Être coincé(e) dans son pantalon après avoir tenté de l'enlever sans retirer ses chaussures.

Encouettement
Ensemble des manœuvres et des efforts qu'il faut déployer pour enfiler la couette dans une housse de couette. Au figuré : gros ennui.

Escalatorero
Celui qui s'amuse à prendre l'escalator à contre-sens.

Escapaghettis
Spaghettis fuyants qui s'échappent de la fourchette au moment précis où on la porte à la bouche.

Exclamastication
Son guttural ou nasal (« mmmh ») émis en mangeant pour signifier que l'on apprécie.

Fétidomètre
Méthode (peu fiable) de contrôle de sa propre haleine, qui consiste à souffler dans la paume de sa main repliée avant d'inspirer le plus rapidement possible par le nez.

Fiascoude
Mortification passagère qu'on éprouve lorsqu'on rate l'accoudoir ou le bord de la table sur lequel on s'apprêtait à poser négligemment le coude.

Fliclic
Bruit que fait la ceinture de sécurité qu'on attache précipitamment, lorsqu'on a repéré une voiture de police dans le rétroviseur.

Gambada
Danse sautillante qu'exécutent sur le sable brûlant des plages ceux qui marchent pieds nus, les jours de grande chaleur.

REFUSÉS

Garamnésie
Impossibilité de se souvenir de l'endroit où l'on a garé sa voiture la veille au soir, tard.

Glaçouille
Liquide dégoûtant dans lequel trempe la cuillère à glace, chez le marchand de glace.

Glumaux
Petites traînées grises et collantes qui restent sur la peau, longtemps après qu'on a arraché le sparadrap.

Grimascara, ou **mascarictus**
Réflexe étrange qui pousse une femme à entrouvrir automatiquement la bouche lorsqu'elle se maquille les cils.

Hellotisme
Étrange habitude qu'ont les gens sur un bateau de héler ou de saluer de la main tous ceux qui sont à terre, sur les quais du port ou les berges du canal.

Horomateur
Celui ou celle qui observe sans relâche son réveil électrique dans l'espoir de saisir le moment précis où s'alignent quatre chiffres identiques, avec une prédilection pour 00 h 00 et 11 h 11.

Iloiement
Habitude qu'ont certaines personnes de s'adresser à vous en employant la troisième personne du singulier : « Il est venu avec sa dame ? »

Incompaintibilité
Inadéquation persistante entre la quantité de fromage que l'on s'est servie et la quantité de pain correspondante, qui contraint à se resservir indéfiniment de l'un puis de l'autre, sans jamais parvenir à les faire coïncider.

Lambimposteur
Automobiliste lent qui roule à gauche, sur une autoroute.

Libidog
Chien qui vous renifle systématiquement l'entrejambe.

Loupnettes
Loup blanc qu'arborent à leur retour des sports d'hiver ceux qui ne retirent jamais leurs lunettes de soleil sur les pistes.

Mégallô
Celui qui, où qu'il soit, croit toujours que c'est pour lui que le téléphone sonne et prévient aussitôt : « Je ne suis là pour personne. »

Météosiris
Présentateur de la météo à la télévision lorsqu'il se tourne de profil, en posture égyptienne, pour désigner sur la carte les soleils et les nuages du lendemain.

Morvodrome
Partie du visage située entre le bas du nez et la lèvre supérieure.

Nappeur, euse
Personne qui, systématiquement, dessine ou écrit sur les nappes en papier des restaurants.

Obsessence
Besoin obsessionnel de parvenir à un chiffre rond lorsqu'on prend de l'essence à une station libre-service, au risque de faire déborder son réservoir.

REFUSÉS

Painsum
Partie du pain au chocolat où il n'y a pas de chocolat.

Para-pet
Bruit de frottement d'un pantalon sur un siège en cuir que l'on refait volontairement plusieurs fois pour bien signaler à ses voisins que le premier n'était pas d'origine intestinale.

Pilotif
Vilain petit bouchon de poils et de cheveux qui se forme régulièrement au fond du bac à douche.

Porte-minet
Partie de la peau du chat située à l'arrière du cou, et qui permet, en principe, de le soulever et de le porter aisément.

Purails
Réseau serré de rails que l'on trace à la fourchette dans une purée, par souci de décoration, par désœuvrement ou pour laisser croire qu'elle est faite maison.

Purgatiroir
Tiroir où l'on relègue en vrac les stylos sans capuchon, les colliers sans fermoir, les lunettes sans branches, les montres sans remontoir, avant de les faire réparer ou de les jeter définitivement à la poubelle.

Récalcitron
Rondelle de citron qui accompagne une boisson gazeuse servie dans un verre si haut qu'on ne peut l'attraper ni avec la langue, ni avec les doigts.

Relunetter (se)
Remonter à l'aide de l'index ses lunettes sur le haut du nez.

Salivrer
Porter furtivement les doigts à sa bouche pour les lubrifier avant de tourner les pages d'un livre ou d'un magazine.

Sliposuccion
Défaut de certains slips ou maillots qui rentrent systématiquement dans la raie des fesses.

Tamponade
Manière rapide et désinvolte de faire un créneau, en poussant les véhicules situés devant et derrière la place où l'on se gare.

REFUSÉS

Tartabou
Dernière part de tarte restant dans le plat, que tout le monde convoite mais que personne n'ose prendre.

Testiculation
Geste furtif et répété de certains hommes qui éprouvent le besoin obsessionnel de vérifier la présence de leurs attributs sexuels.

Trousseins, ou **nichonettes**
Petits trous que les femmes creusent dans le sable des plages pour y loger leurs seins avant de prendre un bain de soleil sur le ventre.

Ultimatomme
Morceau de fromage un peu racorni que la maîtresse de maison se refuse obstinément à jeter et qu'elle représente à chaque repas, jusqu'à ce qu'il soit terminé.

Urisphère
Partie d'espace, située au-dessus des urinoirs, sur laquelle les hommes fixent leur regard dans les toilettes publiques, sachant que toute autre direction serait suspecte ou ambiguë.

Vulvulement, ou **jouic**
Petit bruit que fait le sexe de la femme quand celui de l'homme se retire, après l'amour.

Zygomnastique
Exercice de gymnastique facial qui se pratique après le repas pour tenter d'extirper à l'aide de sa seule langue un morceau de nourriture coincé entre les dents.

★★★

Achevé d'imprimer par Corlet, Imprimeur, S.A. - 14110 Condé-sur-Noireau
N° d'Imprimeur : 131211 - Dépôt légal : juillet 2010 - *Imprimé en France*